Découvrez l'histoire par les archives de presse

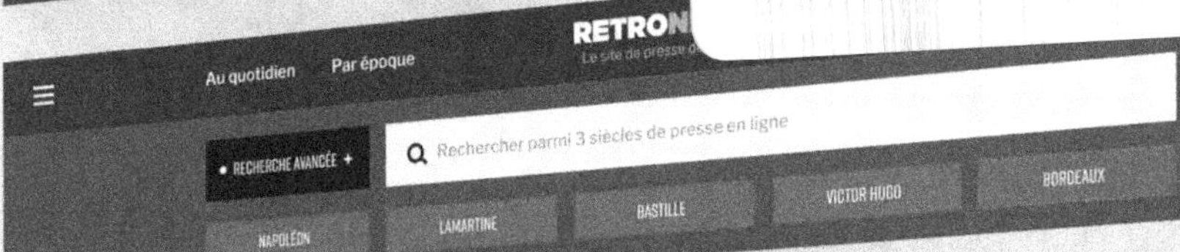

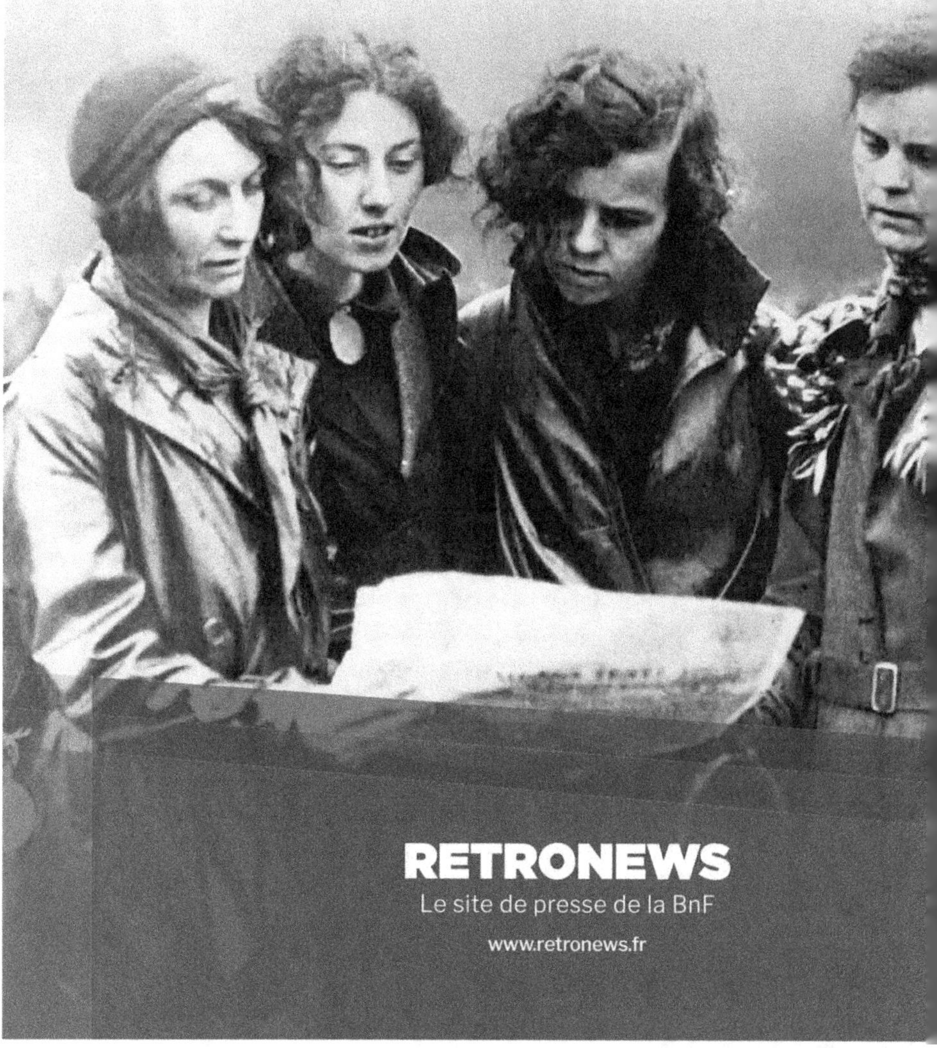

RETRONEWS

Le site de presse de la BnF

www.retronews.fr

...ersité
de
...RDEAUX

Livret-
Guide

BORDEAUX
IM. Y. CADORET
POQUELIN-MOLIÈRE
—
1909

LIVRET=GUIDE DE L'UNIVERSITÉ

R. F.
BIBLIOTHÈQUE NATIONALE
IMPRIMÉS

8° R
15397

UNIVERSITÉ DE BORDEAUX

LIVRET-GUIDE

DON

BORDEAUX

IMPRIMERIE DE L'UNIVERSITÉ

Y. CADORET

17, Rue Poquelin-Molière, 17

1909

RENSEIGNEMENTS SCOLAIRES

I. Statistique scolaire.

La population scolaire de l'Université de Bordeaux a été, en 1908-1909, de 2.610 étudiants ainsi répartis :

Faculté de Droit 984
Faculté de Médecine et de Pharmacie. 991
Faculté des Sciences. 319
Faculté des Lettres. 316

II. Scolarité.

Année scolaire. — Les cours sont ouverts le 3 novembre

Immatriculation. — Il est tenu dans chaque Faculté de l'Université un registre d'immatriculation.

Sur ce registre sont portés, sous des numéros distincts, les nom et prénoms de chaque étudiant, la date et le lieu de sa naissance, son domicile personnel et celui de ses parents ou tuteur, et l'ordre d'études qu'il poursuit.

Nul n'est admis aux travaux d'une Faculté, s'il n'est porté comme étudiant sur le registre d'immatriculation de la Faculté.

Cartes d'étudiant. — Une carte est délivrée gratuitement à tout étudiant.

Elle ne vaut que pour l'année scolaire.

Inscriptions. — Tout étudiant qui poursuit l'obtention d'un des grades institués par l'État est astreint aux inscriptions trimestrielles prévues aux règlements spéciaux de ce grade (¹).

L'étudiant immatriculé ou inscrit dans une Faculté peut se faire immatriculer ou inscrire dans une autre Faculté de l'

(¹) Pour les renseignements sur ces règlements, s'adresser à MM. les Secrétaires des Facultés.

même Université, sur le vu d'un certificat constatant son immatriculation ou son inscription antérieure et sans avoir à produire celles des pièces réglementaires qu'il a déjà déposées.

La première inscription en vue d'un grade ou d'un titre doit être prise au début de l'année scolaire.

Les pièces à déposer sont :

1° Son acte de naissance ;

2° L'autorisation de son père ou tuteur, s'il est mineur ;

3° Les diplômes, certificats ou pièces requis par le règlement spécial du grade auquel il aspire.

La première inscription ne peut être prise après le 1er décembre.

Etrangers. — Les règles relatives à l'immatriculation et aux inscriptions sont applicables aux étudiants de nationalité étrangère.

Ils peuvent être immatriculés sur la production des diplômes ou titres obtenus par eux à l'étranger en vue des titres de l'Université.

Ils ne peuvent être admis à s'inscrire en vue des grades institués par l'Etat qu'en produisant les diplômes ou certificats exigés des étudiants français: Toutefois ceux qui veulent entreprendre des études en vue de la licence ou du doctorat en droit, ou de la licence ès-sciences ou de la licence ès-lettres peuvent être autorisés à s'inscrire sur la production en original des diplômes, brevets ou certificats à eux délivrés par les Universités ou établissements étrangers où ils ont accompli leurs études et subi les examens. Ces documents, accompagnés de la traduction faite par un traducteur juré, doivent être visés et certifiés véritables par le consul général de France pour le pays dont ils proviennent. Le Comité consultatif de l'enseignement public près du ministère de l'instruction publique juge si ces diplômes, brevets ou certificats peuvent être acceptés comme équivalents au baccalauréat de l'enseignement secondaire ou au diplôme de licencié en droit, après avis motivé de la Faculté où l'étudiant demande à s'inscrire.

Ne sont pas astreints à l'immatriculation les savants, professeurs et docteurs admis par les doyens sur la proposition des professeurs, dans les conférences ou dans les laboratoires.

Droits à payer par les étudiants.

Immatriculation. — Les étudiants simplement immatriculés acquittent en un seul versement un droit annuel pour les études de 20 fr. et un droit de bibliothèque de 10 fr., au total 30 fr.

Droits d'inscriptions, de bibliothèque et de travaux pratiques. — Les étudiants inscrits sont soumis à un droit d'inscription de 30 fr. par trimestre (sans droit d'immatriculation).

Ce droit est acquitté lors de la prise des inscriptions en novembre, janvier, avril et juin.

Le droit de bibliothèque, 10 francs, est acquitté en même temps que les droits afférents à chaque inscription, soit 2 fr. 50 par trimestre. Les droits afférents aux travaux pratiques sont acquittés par trimestre; ils sont variables suivant les travaux et la nature des études.

Droits d'examens. — Le candidat qui s'inscrit en vue de subir un examen (ne pas confondre cette inscription avec les inscriptions trimestrielles) doit *consigner* les droits d'examens, de certificat d'aptitude et de diplôme ou de visa afférents à l'acte qu'il doit accomplir. En cas d'échec, les droits afférents au certificat et au diplôme ou visa sont remboursés; il n'est rien remboursé en cas de succès.

III. Doctorats et Diplômes de l'Université de Bordeaux.

Doctorat mention « Médecine » pour les étrangers.

Ce diplôme est délivré aux étrangers qui ont fait leurs études à la Faculté de médecine de Bordeaux, avec dispense du grade de bachelier, et y ont subi les examens prévus pour le diplôme d'Etat.

(Délibération en date du 21 mars 1899 approuvée par arrêté ministériel du 4 mai 1899).

Les droits à percevoir sont :

16 inscriptions trimestrielles, à 30 fr., soit . . . . F.	480
16 droits trimestriels de Bibliothèque, à 2 fr. 50, soit . .	40
16 droits trimestriels de travaux pratiques, à 15 fr., soit.	250
7 examens ou épreuves (le 1er à 40 fr., les 6 autres à 30 fr.), soit.	220
Thèse.	100

Doctorat mention « Pharmacie ».

Les aspirants à ce titre doivent se faire inscrire sur un registre spécial au Secrétariat de la Faculté mixte de médecine et de pharmacie.

Ils présentent en vue de l'inscription, s'ils sont Français, le diplôme de pharmacien de 1re classe; s'ils sont étrangers, deux certificats d'études, le premier, d'études de pharmacie chimique

t de toxicologie; le second, d'études de pharmacie galénique
t de matière médicale.

La Faculté se réserve d'admettre des équivalences.

La durée de la scolarité est d'une année au moins.

La scolarité doit être accomplie à Bordeaux.

Une épreuve publique est exigée de ces aspirants : elle consiste dans la soutenance d'une thèse contenant des recherches personnelles, originales et inédites dans leur ensemble.

(Délibération en date du 21 mars 1899 approuvée par arrêté ministériel du 5 mai 1899).

Les droits à percevoir sont :

```
1 immatriculation annuelle . . . . . . . . . . . . . . . . F.     20
1 droit de bibliothèque annuel. . . . . . . . . . . . . .       10
4 droits trimestriels de laboratoire, à 150 fr., soit. . . .   600
Thèse. . . . . . . . . . . . . . . . . . . . . . . . . .        40
```

Les candidats au diplôme de docteur mention « Pharmacie » doivent adresser au doyen de la Faculté une demande écrite d'inscription accompagnée d'une autorisation préalable d'admission dans un laboratoire; délivrée par le professeur directeur du Laboratoire dans lequel ils désirent faire leurs recherches.

Avant d'être admis dans les laboratoires, ils ont à verser le premier trimestre des droits de laboratoires, de recherches (150 fr. par trimestre), et s'ils ne sont pas immatriculés, le droit annuel d'immatriculation (20 fr.) et de bibliothèque (10 fr.).

Les droits de laboratoire afférents aux trimestres subséquents sont toujours versés d'avance.

La scolarité doit comprendre une période d'au moins quatre trimestres.

Suivant la nature des recherches poursuivies par le candidat, la Faculté détermine les conditions dans lesquelles il doit accomplir sa scolarité. Les candidats ont, au préalable, à s'entendre avec un professeur de la Faculté, directeur d'un laboratoire, au sujet des recherches qu'ils désirent poursuivre. S'il y a lieu, le professeur s'entend ensuite avec le doyen de la Faculté sur les dispositions à prendre dans chaque cas particulier.

Dispositions spéciales aux candidats étrangers. — Les candidats *étrangers* qui postulent ce doctorat doivent produire des justifications d'études antérieures suffisantes pour obtenir l'équivalence de l'un des baccalauréats français, et accomplir deux années d'études pour la préparation des deux certificats exigés par le règlement du Conseil de l'Université de Bordeaux du 1 mars 1899, approuvé par M. le Ministre le 4 mai 1899 (certificat d'études de pharmacie chimique et toxicologie et certificat d'études de pharmacie galénique et matière médicale).

Les examens pour ces certificats sont subis à la fin de chaque année, ou les deux en même temps à la fin de la deuxième

année, au choix des candidats, sur un programme comprenan
les matières demandées aux pharmaciens français de 1re classe
étant stipulé qu'en même temps que la chimie pharmaceutiqu
et la toxicologie il sera demandé les applications de la physique
telles que celles relatives à l'établissement des constantes e
aux recherches analytiques, de même que la botanique et l
zoologie appliquée seront implicitement comprises dans l
matière médicale.

Les droits d'études et d'examens afférents à ces certificats on
été fixés ainsi qu'il suit :

8 inscriptions trimestrielles, à 30 fr., soit. . . . . . . F.   24
8 droits trimestriels de bibliothèque, à 2 fr. 50, soit. . .   2
8 droits trimestriels de travaux pratiques, à 25 fr., soit.   20
2 examens (1 par certificat), à 100 fr., soit.   20

Doctorat mention « Sciences ».

Le diplôme de docteur de l'Université de Bordeaux (mentio
Sciences) est conféré au candidat qui a soutenu ses thèses ave
succès devant la Faculté des sciences.

La soutenance de ces thèses a lieu dans les formes prescrite
pour le doctorat de l'État. La seconde thèse peut être remplacé
par des questions posées par la Faculté. La Faculté s'est réserv
le droit de dispenser de ces questions.

Tout aspirant doit produire un *curriculum vitæ* et des attes
tations d'études ou titres scientifiques, dont la Faculté appréci
la valeur.

Le candidat doit être immatriculé à la Faculté et y avoi
passé deux semestres. La Faculté, dans des cas exceptionnels
accorde des dispenses.

*(Délibération du Conseil de l'Université en date du 9 janvie
1900 approuvée par arrêté ministériel du 16 mars 1900).*

Les droits afférents à ce diplôme ont été fixés ainsi qu'i
suit :

1 droit annuel d'immatriculation à. . . . F.   20
1 droit annuel de bibliothèque à   10
4 droits trimestriels de laboratoire savoir:
    Chimie générale à 150 fr. par trimestre .   600
    ou Chimie appliquée à 140 fr. par trimestre.   560
    ou . . . .
1 droit d'examen à.   100

Doctorat mention « Lettres ».

L'examen pour l'obtention de ce doctorat comporte :
1° Une thèse française, imprimée, dont le sujet aura ét
agréé par la Faculté des Lettres. Celle-ci peut autoriser la pré
sentation de thèses écrites en une autre langue que le français

2º Des propositions données par la Faculté dans l'ordre *des études spéciales au candidat*, au moins trois mois à l'avance. Le titre de ces propositions est imprimé à la suite de la thèse.

Les épreuves donnent lieu à une soutenance publique devant un jury de trois professeurs au moins.

Tout aspirant doit produire un *curriculum vitæ* et des attestations d'études ou titres scientifiques dont la Faculté appréciera la valeur.

Le candidat doit être immatriculé à la Faculté des Lettres et y avoir passé au moins deux semestres, dont un semestre d'hiver.

(Délibération du Conseil de l'Université du 11 décembre 1900 approuvée par arrêté ministériel du 23 février 1901).

Les droits afférents à ce diplôme sont :

```
1 droit annuel d'immatriculation à . . . . . F.    20
1 droit annuel de bibliothèque. . . . . . . .       10
1 droit d'examen. . . . . . . . . . . . . . . .    100
```

Diplôme de pharmacien à l'usage des étrangers.

Les étrangers aspirant à ce diplôme doivent justifier de trois années de stage officinal par des certificats dûment légalisés.

Il peut leur être accordé, en vue de l'inscription réglementaire, soit la dispense des grades français exigés pour l'inscription en vue du diplôme d'Etat, soit l'équivalence des grades obtenus par eux à l'étranger, ainsi que des dispenses partielles de scolarité correspondant à la durée des études faites par eux à l'étranger.

Ils subissent à la Faculté mixte de médecine et de pharmacie un examen de validation de stage aux sessions réglementaires de l'examen d'Etat.

La scolarité et les examens sont les mêmes que ceux des aspirants au grade de pharmacien d'Etat.

(Délibération du 17 juillet 1900 approuvée par arrêté du 4 octobre 1900).

Les droits à percevoir pour études et examens en vue du titre de « Pharmacien de l'Université », sont :

```
1 examen de validation de stage à . . . . . . . . . . . . F.    25
12 inscriptions trimestrielles à 30 fr , soit . . . . . . . . .    360
12 droits trimestriels de bibliothèque à 2 fr. 50, soit. . . .     30
12 droits trimestriels de travaux pratiques à 25 fr., soit. .    300
2 examens de fin d'année et . . . . . . . . . )
1 examen semestriel au mois d'avril de  } 50 fr., soit.  150
   la 3e année, à . . . . . . . . . . . . . . . )
3 examens de fin d'études, le 1er à 90 fr., le 2e à 80,
   le 3e, 1re partie à 50, 2e partie à 150-200 fr., soit. . . .    370
```

Diplôme de médecin colonial.

Ce diplôme est délivré :

a) Aux docteurs en médecine français : médecins civils militaires, médecins de la Marine et des Colonies, médecins colonisation et des administrations coloniales, médecins d'ém gration et médecins sanitaires maritimes, médecins des mi sions;

b) Aux étrangers pourvus du doctorat universitaire mention *Médecine;*

c) Aux étrangers pourvus d'un diplôme médical dont l'équi valence avec le doctorat universitaire français, mention *Médecine,* aura été admise par la Faculté mixte de médecine de pharmacie de Bordeaux.

Les aspirants à ce titre doivent se faire incrire au secrétari de la Faculté mixte de médecine et de pharmacie.

Les inscriptions sont reçues du 1er au 15 novembre pour un scolarité de trois mois.

Un deuxième trimestre d'études pourra avoir lieu à partir d 15 avril.

Les étudiants en médecine pourvus de seize inscription pourront être inscrits comme aspirants au diplôme de médec colonial, mais le diplôme ne leur sera délivré que lorsqu'i seront docteurs en médecine.

Les épreuves exigées pour l'obtention du diplôme sont :

1º Une épreuve clinique spécialement afférente à la pathol gie exotique;

2º Une épreuve pratique sur les manipulations et démonstra tions faites pendant la scolarité;

3º Un examen oral portant sur l'ensemble des matières e seignées en vue du diplôme.

(Délibération du Conseil de l'Université en date du 24 m 1901 approuvée par arrêté ministériel du 12 juillet 1901).

Les droits à percevoir sont :

```
1 droit annuel d'immatriculation à . . . . . . F.   20
1 droit annuel de bibliothèque . . . . . . . . .    10
1 droit trimestriel de laboratoire. . . . . . . .  150
1 examen. . . . . . . . . . . . . . . . . . . . .   20
```

Diplôme d'Etudes coloniales.

Les études coloniales organisées sont :

a) Agriculture coloniale;
b) Produits coloniaux;
c) Hygiène coloniale;
d) Histoire de la colonisation;
e) Géographie coloniale;

f) Economie et législation coloniales;
g) Topographie et construction coloniale.

La durée de la scolarité est de deux ans.
Sont admis à suivre l'enseignement colonial des auditeurs inscrits et des auditeurs libres.
Les auditeurs inscrits qui ont suivi tous les cours peuvent obtenir, après examen, le diplôme d'études coloniales.
Les auditeurs qui n'ont été inscrits que pour certains cours peuvent, après avoir justifié d'une présence régulière et subi un examen satisfaisant sur les matières de ces cours, recevoir un certificat de capacité, sur lequel mention est faite des cours suivis.
Les auditeurs libres n'ont droit ni au diplôme ni au certificat.

(Délibération du Conseil de l'Université en date du 13 mai 1902 approuvée par arrêté ministériel du 26 juillet 1902).

Les examens pour le diplôme d'études coloniales comprennent :

1º Une épreuve écrite;
2º Des épreuves orales;
3º Des épreuves pratiques.

L'épreuve écrite porte sur un sujet choisi de façon que les candidats aient à faire preuve de connaissances suffisantes sur toutes les matières enseignées. Elle a une durée de trois heures. Elle n'est pas éliminatoire.
Les épreuves orales consistent en trois interrogations tirées au sort.
Les épreuves pratiques (reconnaissances et interrogations), au nombre de deux, se rapportent: 1º à l'agriculture coloniale; 2º aux produits coloniaux.
Les droits à percevoir pour études et examen en vue du diplôme d'études coloniales » ont été fixés ainsi qu'il suit :

2 droits annuels d'immatriculation à 20 fr., soit . . . F.   40
2 droits annuels de bibliothèque à 10 fr., soit   20
1 examen à 30 fr.   30

Ces droits sont perçus par le Secrétariat de la Faculté des Sciences.

Certificats d'Etudes pratiques de droit.

Ce certificat est obtenu après deux ans d'études à l'Institut atique de droit (v. page 100).

(Délibération du Conseil de l'Université du 14 novembre 1905 approuvée par arrêté ministériel du 21 novembre 1905).

Diplôme d'ingénieur chimiste.

Il est obtenu après trois ans d'études faites à l'Ecole de chimie (v. page 99).

(Délibération du Conseil de l'Université du 5 juillet 1907, approuvée par arrêté ministériel du 11 janvier 1908).

Diplôme d'études universitaires.

(philosophie, histoire, géographie, philologie).

Les candidats à ce diplôme doivent suivre pendant une année scolaire au moins les cours de la Faculté des Lettres.

Le diplôme est délivré à la suite d'un examen qui comprend

a) Epreuve écrite : un mémoire d'ordre philosophique, historique, géographique ou philologique, composé en français et préparé à la Faculté ;

b) La soutenance de ce mémoire ;

c) Epreuves orales : 1° une interrogation sur un des cours suivis à la Faculté ; 2° l'explication en français d'un passage tiré d'un ouvrage agréé par un des membres de la Faculté.

Une session d'examens a lieu chaque année du 20 au 30 juin. La Faculté peut exceptionnellement, si elle le juge à propos, tenir une session extraordinaire.

Les candidats doivent se faire inscrire au moins trois mois à l'avance au secrétariat de la Faculté. Les mémoires doivent être déposés un mois avant l'examen.

(Délibération du Conseil de l'Université du 27 juillet 1908, approuvée par arrêté ministériel du 28 octobre 1908).

Les droits à acquitter sont :

Droit d'immatriculation. . . . . F. 20
Droit de bibliothèque.   10
Droit d'examen.   20

Diplôme de chirurgien-dentiste à l'usage des étrangers.

Sont admis à solliciter ce diplôme les étrangers qui ont obtenu l'autorisation d'accomplir leur stage et leur scolarité à la Faculté de médecine avec dispense de grade, brevet ou certificat exigé par le décret du 11 janvier 1909 et qui ont subi devant la Faculté les examens prévus par le dit décret.

(Délibérations du Conseil de l'Université des 27 novembre 1908 et 12 mars 1909, approuvées par arrêté ministériel du 23 mars 1909).

PERSONNEL

Conseil de l'Université de Bordeaux.

Membres de droit :

MM. R. Thamin (✻), Recteur de l'Académie, *Président* (¹).

Monnier (✻), Doyen de la Faculté de Droit, *Vice-Président.*

Pitres (O. ✻), Doyen de la Faculté mixte de Médecine et de Pharmacie.

Picart, Doyen de la Faculté des Sciences et Directeur de l'Observatoire.

Radet (✻), Doyen de la Faculté des Lettres.

Membres élus :

MM. Duguit, Professeur à la Faculté de Droit.

Marandout, Professeur à la Faculté de Droit.

Arnozan (✻), Professeur à la Faculté mixte de Médecine et de Pharmacie.

Sigalas, Professeur à la Faculté mixte de Médecine et de Pharmacie.

Cousin, Professeur à la Faculté des Sciences.

Vèzes, Professeur à la Faculté des Sciences.

Camena d'Almeida, Professeur à la Faculté des Lettres.

Waltz (✻), Professeur à la Faculté des Lettres.

Secrétaire : M. Dubroca, Secrétaire de l'Académie.

(¹) M. le Recteur reçoit les mardi, jeudi, samedi de 10 h. à midi à l'hôtel du Rectorat, cours d'Albret, 29.

Facultés.

Faculté de Droit.

Administration :

Doyen	MM. MONNIER, ✳.
Assesseur	DUGUIT.
Secrétaire.........................	BENOIST.
Commis au secrétariat	LALANNE.

Doyen honoraire :

M. BAUDRY-LACANTINERIE, ✳.

Professeurs honoraires :

MM. BAUDRY-LACANTINERIE (✳), SAIGNAT (✳), BARCKHAU-SEN (O. ✳), VIGNEAUX.

Professeurs titulaires :

Droit romain .... {	MM. MONNIER, ✳.
	MARIA.
Droit civil........................ {	DE LOYNES.
	CHÉNEAUX.
	FERRON.
Droit commercial.................	LEVILLAIN.
Droit administratif	BARDE.
Droit constitutionnel et administratif.......	DUGUIT.
Droit criminel.....................	MARANDOUT.
Procédure civile..................	LE COQ, ✳.
Droit maritime et législation industrielle....	DIDIER.
Histoire du droit..................	FERRADOU.
Droit international public ...	DE BOECK.
Économie politique..............	BENZACAR.
Économie politique et Science financière....................... ...	SAUVAIRE-JOURDAN.

Cours complémentaires :

Droit international privé.....	MM. DE BOECK.
Histoire du droit public français...............	MARIA.
Principes du droit public et droit constitutionnel comparé......................	DUGUIT.
Histoire des doctrines économiques........................	DE BOECK.
Droit public........................	BARDE.
Législation et économie coloniales.........................	SAUVAIRE-JOURDAN.
Economie politique..............	BENZACAR.
Histoire du droit français....	FERRADOU.
Eléments du droit civil........ }	CHÉNEAUX. FERRON.
Droit public et administratif.	BARDE.
Droit civil comparé (doctorat) (fondation de l'Université)..	FERRON.
Droit civil approfondi (doctorat) (fondation de l'Université).......................	CHÉNEAUX.
Législation française des finances et science financière (doctorat) (fondation de l'Université)................	BENZACAR.
Droit commercial approfondi et comparé (doctorat) (fondation de l'Université).......	DIDIER.

Conférences facultatives :

Droit romain.....................	MM. MARIA.
Droit civil....................... }	FERRON. CHÉNEAUX. BENZACAR.
Economie politique.............. }	BENZACAR. SAUVAIRE-JOURDAN.
Histoire générale du droit français...................	FERRADOU.
Droit administratif.............	BARDE.
Droit criminel..................	BENZACAR.
Procédure civile et voies d'exécution.....................	FERRON.
Droit commercial..............	FERRON.
Eléments de droit constitutionnel et organisation des pouvoirs publics...............	FERRADOU.
Droit international privé.....	FERRON.

Conférences préparatoires à l'agrégation :

SECTION DU DROIT PRIVÉ

Droit civil .... { MM. DE LOYNES.
                                      CHÉNEAUX.
                                      FERRON.
Droit commercial .... LEVILLAIN.
Droit criminel .... MARANDOUT.

SECTION DU DROIT PUBLIC

Droit constitutionnel .... MM. DUGUIT.
Droit international public ....   DE BOECK.
Législation financière .... BENZACAR.
Droit administratif .... BARDE.

SECTION D'ÉCONOMIE POLITIQUE

Economie politique .... MM. SAUVAIRE-JOURDAN.
Histoire des doctrines écono-
miques, science financière.   BENZACAR.

SECTION D'HISTOIRE DU DROIT

Histoire du droit privé fran-
çais .... MM. N.
Droit romain .... MONNIER.
Droit public français ....   FERRADOU.

Faculté mixte de Médecine et de Pharmacie.

Administration :

Doyen .... MM. PITRES (O. ✳).
Assesseur .... SIGALAS.
Secrétaire .... LEMAIRE.
Commis au Secrétariat .... { MAUBOURGUET.
                                   LAUJAC.

Professeurs honoraires :

MM. MICÉ (O. ✳).   MM. LANELONGUE, ✳.
    Paul DUPUY.   PICOT, ✳.
    MASSE.   VERGELY, ✳.
    FIGUIER, ✳.

Professeurs titulaires :

Clinique interne....................	MM. Arnozan, ❋.
	Pitres (O. ❋).
Clinique externe..................	Demons (O. ❋).
	Villar.
Pathologie et thérapeutique générales........................	N.
Clinique des maladies cutanées et syphilitiques	Dubreuilh.
Clinique des maladies des voies urinaires...............	Pousson.
Clinique d'accouchements	Lefour.
Anatomie pathologique........	Coÿne, ❋.
Anatomie......................	Gentes.
Anatomie générale et histologie.........................	Viault.
Physiologie.....................	Jolyet, ❋.
Hygiène.........................	Layet (O. ❋).
Médecine légale.................	Lande (C. ❋).
Physique biologique et électricité médicale...............	Bergonié, ❋.
Chimie.......................	Blarez, ❋.
Histoire naturelle...............	Guillaud, ❋.
Pharmacie......................	Dupouy.
Matière médicale.................	Beille.
Médecine expérimentale.......	Ferré.
Clinique ophtalmologique	Badal, ❋.
Clinique des maladies chirurgicales des enfants	Denucé.
Clinique gynécologique (fondation Dupouy)................	Chavannaz.
Clinique médicale des maladies des enfants	Moussous.
Chimie biologique (fondation de l'Université)...............	Denigès.
Physique pharmaceutique	Sigalas.
Pathologie exotique (fondation de l'Université)..........	Le Dantec, ❋.

Professeurs adjoints :

Clinique des maladies du larynx, des oreilles et du nez.	MM. Moure.
Clinique des maladies mentales	Régis.

Agrégés :

1º *Section de Médecine.*

MM. Cruchet.	MM. Verger.
Mongour.	Abadie.
Cabannes.	

2° *Section de chirurgie et d'accouchement.*

MM. GUYOT. BÉGOUIN. VENOT.	MM. PERY. ANDÉRODIAS.

3° *Section d'anatomie, physiologie et sciences naturelles.*

MM. PRINCETEAU. CAVALIÉ.	MM. GAUTRELET. MANDOUL.

4° *Section des sciences physiques et chimiques.*

MM. BENECH. BARTHE, ✳.	M. LABAT.

Cours complémentaires :

Accouchements	MM. ANDÉRODIAS.
Physiologie (fondation de l'Université).....................	GAUTRELET.
Ophtalmologie (id.)..............	LAGRANGE ✳.
Clinique dentaire (U.)..........	CAVALIÉ.
Anatomie et physiologie élémentaire........................	SELLIER.
Thérapeutique	N.
Médecine opératoire.............	N.

Faculté des Sciences.

Administration :

Doyen	MM. PICART.
Assesseur...........................	VÈZES.
Secrétaire	CHAUDRON.
Commis au Secrétariat	MATHIEU.

Doyen honoraire :

M. Padé, Recteur de l'Académie de Besançon.

Professeurs honoraires :

MM. J. Pérez, ✳, Padé, Recteur de l'Académie de Besançon.

Professeurs titulaires :

Calcul infinitésimal............	MM. Cousin.
Mécanique.......................	Delassus.
Astronomie......................	Picart.
Physique théorique..............	Duhem, Correspondant de l'Institut.
Physique générale..............	Marchis.
Physique expérimentale	Gossart.
Chimie..........................	Gayon(O.✳),Correspondant de l'Institut.
Chimie minérale................	Vèzes.
Chimie industrielle............	Vigouroux.
Zoologie et physiologie animale................	Boutan, Chargé.
Anatomie comparée et embryogénie..................	Kunstler, ✳.
Botanique.......................	Sauvageau.
Physiologie végétale...........	Devaux.
Géologie et minéralogie........	Fallot.

Professeurs adjoints :

M. Dubourg. | M. Esclangon.

Chargés de cours complémentaires :

Mathématiques préparatoires (fondation de l'Université)..	MM. Delassus.
Physique théorique (id.).......	Marchis.
Electricité industrielle (fondation de la Société des Amis de l'Université)........	Gossart.

Maîtres de conférences :

Mathématiques..................	MM. Esclangon, *s. l. d. l.* (¹).
Physique (P. C. N.).............	Caubet.

(¹) *s. l. d. l.* signifie sans limite de temps.

Chimie physiologique appliquée à l'agriculture (fondation de l'Université)..........	MM. DUBOURG, *s. l. d. l.*
Zoologie	CHAUSE.
Minéralogie	GOGUEL.

Chargé de conférences :

Mathématiques (fondation de l'Université)....................	M. COUSIN.

Maîtres de conférences adjoints :

M. HUGOT. | M. RICHARD.

Faculté des Lettres.

Administration :

Doyen......................	MM. RADET, ✳, Correspondant de l'Institut.
Assesseur	CAMENA D'ALMEIDA.
Secrétaire.....................	CHAUDRON.
Commis au Secrétariat........	MATHIEU.

Doyens honoraires :

M. ESPINAS, ✳, membre de l'Institut. | M. STAPFER, ✳.

Professeurs honoraires :

MM. LIARD (G. O. ✳), Vice-Recteur de l'Académie de Paris. Membre de l'Institut.
ESPINAS, ✳, à la Sorbonne. Membre de l'Institut.
STAPFER, ✳.

MM. JULLIAN (O. ✳), Correspondant de l'Institut. Prof^r au Collège de France.
DURKHEIM,
RODIER,   à la Sorbonne.

Professeurs titulaires :

Langue et littérature grec-ques........................	MM. MASQUERAY.
Langue et littérature latines.	WALTZ, ✳.
Langue et littérature latines.	DE LA VILLE DE MIRMONT.
Littérature française...........	STROWSKI.
Littérature française...........	LE BRETON.
Langues et littératures du Sud-Ouest de la France (fondation municipale).......	MM. BOURCIEZ.
Langue et littérature germaniques..........................	CESTRE.
Philosophie........................	LAPIE.
Science sociale....................	RICHARD.
Histoire de la philosophie.....	RUYSSEN.
Histoire...........................	MARION.
Histoire ancienne................	RADET, ✳.
Histoire du moyen-âge.........	IMBART DE LA TOUR.
Histoire de Bordeaux et du Sud-Ouest (fondation municipale)........................	N.
Archéologie et histoire de l'art............................	PARIS, ✳, Correspondant de l'Institut.
Géographie.......................	CAMENA D'ALMEIDA.
Géographie coloniale (fondation de la Chambre de commerce).......................	H. LORIN.
Études hispaniques...............	CIROT.

Professeur adjoint :

M. DUFOURCQ.

Chargé de cours :

Histoire de Bordeaux et du Sud-Ouest (fondation municipale)........................	M. COURTEAULT.

Chargés de cours complémentaires :

Sciences auxiliaires de l'histoire	MM. DUFOURCQ.
Métrique (fondation de l'Université)........................	WALTZ, ✳.
Langue et littérature italiennes (fondation de l'Université)	BOUVY.
Paléographie	BRUTAILS, ✳, Correspondant de l'Institut.

Maîtres de Conférences :

Grammaire....................	MM. FOURNIER.
Allemand	DRESCH.
Langue et littérature grec- *ques*...............................	CUNY.

Chargés de Conférences :

Langue grecque...................	MM. FOURNIER.
Anglais (fondation de l'Uni- *versité)*........................	BIARD, ✳.

Lecteurs :

Allemand (id.)	MM. GIESEN.
Anglais (id.)	HIRD.

ENSEIGNEMENT

FACULTÉ DE DROIT

La Faculté est située place Pey-Berland.

Le Secrétariat, dont l'entrée est rue du Commandar Arnouldt, n. 1, est ouvert tous les jours non fériés de 9 heur à 11 heures du matin et de 2 heures à 4 heures du soir; pe dant les périodes d'inscriptions et d'examens de 9 heures 11 heures du matin et de 2 heures à 3 heures du soir.

• COURS ET CONFÉRENCES

HISTOIRE DU DROIT

Droit romain.

Professeur : M. MARIA.

Cours de droit romain, 1re année de licence, pendant deux semestres. — (Trois leçons par semaine). Le professe étudiera : 1º l'histoire des sources; 2º la condition des persc nes; 3º les droits réels; 4º les obligations.

Professeur : M. MONNIER.

Cours de droit romain, 2e année de licence, pendant 1er semestre. — (Trois leçons par semaine). Le professeur é diera : 1º les principaux contrats; 2º la procédure romaine.

Cours de Pandectes pour les candidats au 1er examen de d torat juridique pendant le 1er semestre. — (Trois leçons semaine).

Conférence pour les candidats au 1er examen de doctorat ju dique. M. MARIA. — (Une réunion par semaine, 1er semest Le professeur étudiera, en collaboration avec les étudia des textes sur les obligations.

Histoire du droit français.

Professeur : M. FERRADOU.

Cours d'histoire générale de droit français pour les étudiants de 1re année. — (Trois leçons par semaine pendant les deux semestres).

Professeur : M. MONNIER.

Cours d'histoire de droit public français pour les candidats au 1er examen de doctorat politique. — (Trois leçons par semaine pendant le 1er semestre).

Professeur : M. FERRADOU.

Cours d'histoire de droit privé français pour les candidats au 1er examen de doctorat juridique. — (Trois leçons par semaine pendant le 1er semestre).

DROIT PRIVÉ

Droit civil.

Professeur : M. DE LOYNES.

Cours de droit civil, 2e année de licence. — (Trois leçons par semaine pendant les deux semestres). Le professeur étudiera : 1o les obligations ; 2o les contrats ; 3o les quasi-contrats ; 4o les délits ; 5o la vente ; 6o le louage ; 7o les hypothèques.

Professeur : M. CHÉNEAUX.

Cours de droit civil, 1re année de licence. — (Trois leçons par semaine pendant les deux semestres). Le professeur étudiera : 1o la théorie générale de l'acte juridique ; 2o l'état et la capacité des personnes ; 3o le mariage et la filiation ; 4o la propriété et les modes d'acquisition entre vifs et à titre onéreux ; 5o les droits réels d'usufruit et de servitude.

Cours de droit civil approfondi pour les candidats au 2e examen de doctorat juridique. — (Trois leçons par semaine pendant le 1er semestre). Le professeur fait une étude critique de jurisprudence.

Conférence pour les étudiants de 1re année. — (Une réunion par semaine pendant les deux semestres). Revision générale des cours et travaux écrits.

Conférence pour les candidats au 2e examen de doctorat juridique. — (Une réunion par semaine pendant le 1er semestre). Direction de travaux faits par les étudiants.

Professeur : M. FERRON.

Cours de droit civil, 3e année de licence. — (Trois leçons par semaine pendant les deux semestres). Le professeur étudiera : 1° les régimes matrimoniaux; 2° les successions; 3° les donations et les testaments.

Cours de droit civil comparé. — (Trois leçons pendant le 1er semestre). Le professeur étudiera : le régime des biens entre époux dans les législations du groupe latin et du groupe germanique.

Conférence pour les étudiants de 3e année. — (Une réunion par semaine pendant les deux semestres). Revision générale du cours et travaux écrits.

Professeur : M. BENZACAR.

Conférence pour les étudiants de 2e année. Revision générale du cours et travaux écrits.

Droit commercial et maritime.

Professeur : M. LEVILLAIN.

Cours de droit commercial, 3e année de licence. — (Trois leçons par semaine pendant les deux semestres). Le professeur insistera particulièrement sur : les sociétés commerciales.

Professeur : M. DIDIER.

Cours de droit commercial approfondi et comparé. — (Trois leçons par semaine pendant le 1er semestre).

Cours de droit maritime. — (Trois leçons par semaine pendant le 1er semestre).

DROIT PUBLIC

Droit constitutionnel.

Professeur : M. DUGUIT.

Droit public général, 3e année de licence. — (Trois leçons par semaine pendant le 1er semestre). Le professeur étudiera les services publics, les personnes publiques et les patrimoines publics.

Cours de droit constitutionnel pour les candidats au 1er examen de doctorat politique. — (Trois leçons par semaine pendant le 1er semestre). Le professeur étudiera les libertés publiques.

Conférence pour les candidats au 1er examen de doctorat politique. — (Une réunion par semaine). Etude en collaboration avec les étudiants, des lois constitutionnelles de 1875.

Professeur : M. Duguit.

Cours de droit constitutionnel, 1re année de licence. — (Trois leçons par semaine pendant le 2e semestre). Le professeur étudiera : 1o l'histoire des constitutions ; 2o l'organisation politique de la France.

Droit administratif.

Professeur : M. Barde.

Cours de droit administratif, 1re année de licence. — (Trois leçons par semaine pendant les deux semestres). Le professeur étudiera : 1o l'acte administratif ; 2o les personnes publiques ; 3o les agents administratifs ; 4o les patrimoines administratifs ; 5o l'activité administrative.
Conférence pour les étudiants de 2e année. — (Une réunion par semaine pendant les deux semestres). Revision générale des cours et travaux écrits.

Professeur : M. Duguit.

Cours de droit administratif pour les candidats au 1er examen de doctorat politique. — (Trois leçons par semaine pendant le 2e semestre).

Droit criminel.

Professeur : M. Marandout.

Cours général de droit criminel, 2e année de licence. — (Trois leçons par semaine pendant les deux semestres).

Procédure civile.

Professeur : M. Le Coq.

Cours général de procédure, 3e année de licence. — (Trois leçons par semaine pendant le 1er semestre).
Cours portant sur les voies d'exécution, 3e année. — (Trois leçons par semaine pendant le 2e semestre).

Droit international.

Professeur : M. de Boeck.

Cours général de droit international public, 2e année de licence. — (Trois leçons par semaine pendant le 1er semestre).
Cours de droit international public pour les candidats au 1er examen de doctorat politique. — (Trois leçons par semaine pendant le 1er semestre).
Cours de droit international privé, 3e année de licence. — (Trois leçons par semaine pendant le 2e semestre).

SCIENCES ÉCONOMIQUES

Economie politique.

Professeur : M. BENZACAR.

Cours général d'économie politique, 1re année de licence. —
(Trois leçons par semaine pendant les deux semestres).

Professeur : M. SAUVAIRE-JOURDAN.

Cours général d'économie politique, 2e année de licence. —
(Trois leçons par semaine pendant les deux semestres).
Cours d'économie politique approfondie, pour les candidats
au 2e examen de doctorat politique. — (Trois leçons par semaine
pendant le 1er semestre).

Professeur : M. DE BOECK.

Cours d'histoire des doctrines économiques. — (Trois leçons
par semaine pendant le 2e semestre).

Science et législation financières.

Professeur : M. SAUVAIRE-JOURDAN.

Cours de législation financière, 3e année de licence. —
(Trois leçons par semaine pendant le 2e semestre). Le professeur étudiera : 1° le budget; 2° les recettes publiques ; 3° les
dépenses publiques.

Professeur : M. BENZACAR.

*Cours de science financière et de législation française des
finances* pour les candidats au 1er examen de doctorat politique
— (Trois leçons par semaine pendant le 1er semestre).

Législation et économie industrielles.

Professeur : M. DIDIER.

Cours pour les candidats au 2e examen de doctorat politique
— (Trois leçons par semaine pendant le 2e semestre).

Législation et économie coloniales.

Professeur : M. SAUVAIRE-JOURDAN.

Cours pour les candidats au 1er examen de doctorat politique. — Trois leçons par semaine pendant le 1er semestre). Le
professeur étudiera : le régime politique, administratif et finan-
cier des colonies françaises.

FACULTÉ DE MÉDECINE ET DE PHARMACIE

Le Secrétariat est ouvert les jours non fériés de 2 heures à 4 heures du soir.

Pendant les périodes d'inscription, il est ouvert : de 11 heures à midi pour les étudiants en pharmacie et en chirurgie dentaire ; de 2 heures à 4 heures pour les étudiants en médecine.

Les inscriptions sont reçues au commencement de l'année scolaire aux dates ci-après :

Médecine. . . . . . du 21 octobre au 5 novembre.
Pharmacie. . . . . } du 3 au 15 novembre.
Chirurgie dentaire. }

Pour les autres périodes scolaires, les registres d'inscription sont ouverts : du 3 au 15 janvier, du 3 au 15 mars, du 18 au 31 mai.

Le Doyen reçoit les étudiants le jeudi, à quatre heures, à la Faculté.

La Commission scolaire se réunit tous les jeudis, à cinq heures ; elle donne son avis sur les questions de scolarité et les demandes des étudiants ; elle règle le service des examens de la semaine suivante.

Les cours commencent le 4 novembre. MM. les Étudiants trouveront au Secrétariat le programme de l'enseignement de l'année scolaire, distribué gratuitement.

SERVICES GÉNÉRAUX

Les services généraux (administration, archives, salle de actes, vestiaires, etc.) sont situés sur la place d'Aquitaine, l'angle des rues Élie-Gintrac et Paul-Broca, à droite et à gauche d'un vestibule très spacieux, qui est pavé en fort belle mosaïque ainsi que l'atrium qui y fait suite.

Dans l'atrium se trouvent deux escaliers doubles par lesquels les étudiants ont accès dans deux grands amphithéâtres de cours parfaitement aménagés, munis de larges tableaux noirs de toiles mobiles pour recevoir les dessins montrés aux élèves d'électricité pour les projections, etc.

De l'atrium on pénètre dans une vaste cour centrale sur laquelle s'ouvrent, en face les portes de l'Institut anatomique et latéralement quatre salles de conférences servant aux examens.

Dans les sous-sols, suffisamment éclairés, sont placés les appareils servant à l'élévation des eaux, les compteurs à gaz, une machine dynamo, des accumulateurs, et neuf grands calorifères pour le chauffage, par l'air chaud, de tous les services. Il y existe, en outre, des locaux annexés à divers laboratoires et des ateliers de réparation de menuiserie et serrurerie.

Musées.

Indépendamment des musées annexés à certaines chaires et dont le plus ancien et le plus important est le musée de matière médicale (voir plus loin), la Faculté possède un musée général placé sous la direction d'une commission spéciale et divisé en deux sections principales : le musée d'anatomie et d'anthropologie et le musée d'ethnographie et d'études coloniales.

Le musée d'anatomie et d'anthropologie occupe deux vastes pièces sur la rue Paul-Broca. Les vitrines sont construites en verre et glaces sur deux étages. Dans la première pièce, on a placé les collections d'anthropologie, des stéréoscopes et des meubles à volets développant une surface considérable pour l'exposition sous verre de dessins, photographies, estampes, etc. La seconde pièce, la plus spacieuse, est affectée aux pièces anatomiques, à l'anatomie pathologique, à l'embryologie, à la tératologie, aux instruments de médecine opératoire, aux moulages, etc. Ces collections s'enrichissent constamment de pièces fournies par l'Institut anatomique et par la Société d'anatomie de Bordeaux, à laquelle sont réservées des vitrines spéciales. Un petit atelier de moulage est annexé au musée anatomique.

Le musée d'ethnographie et d'études coloniales, qui a été commencé en 1894 et a pris une très grande extension à la fin de 1900, occupe : *au rez-de-chaussée,* un local pour objets de grande dimension ; *au 1er étage,* les trois galeries de 40 à 50 mètres de longueur, situées autour de la cour centrale, dans lesquelles sont installées la collection nationale de l'ethnographie de l'Asie venant du musée du Trocadéro et du musée Guimet ; diverses collections se rapportant à l'Asie et provenant de dons particuliers ; une petite bibliothèque renfermant des thèses et ouvrages de géographie coloniale, de pathologie exotique, des relations de voyages, d'explorations, des publications du musée Guimet, etc. ; de nombreux stéréoscopes contenant chacun 50 vues stéréoscopiques reproduites pour la plupart à l'atelier de photographie sur des clichés prêtés par les anciens médecins de la Marine et des Colonies; des meubles à volets pour les gravures, dessins, photographies, échantillons d'étoffes anciennes ; des cartes géographiques, tableaux, kakémonos, etc. ; *au 2e étage,* une galerie de 40 mètres de longueur pour l'ethnographie de l'Afrique, de l'Amérique et de l'Océanie, et plusieurs salles pour les costumes et les modèles de maisons et constructions japonaises, siamoises, etc., faisant partie de la collection nationale de l'ethnographie de l'Asie.

Dans une salle spéciale garnie d'échantillons d'opium, de tabac, de pipes, etc., on a reconstitué une fumerie d'opium annamite avec deux fumeurs.

Des collections de géologie, minéralogie, entomologie, reptiles et poissons venimeux, produits de matière médicale des colonies, etc., provenant du muséum d'histoire naturelle et de divers donateurs, sont installées dans une salle du rez-de-chaussée, meublée de grandes vitrines surmontées d'une galerie supérieure. En attendant la construction des nouveaux bâtiments, l'excédent de ces collections est placé à côté de séries intéressantes de filets, ustensiles et bateaux de pêche exotiques dans deux vastes salles du 3e étage.

Service photographique.

L'atelier de photographie, dont l'entrée se trouve au milieu de la galerie centrale d'ethnographie et études coloniales, a une surface de $7,70 \times 5,75$ y compris deux cabinets noirs très bien installés. Il est entièrement vitré sur trois côtés, pourvu d'eau et de gaz et possède un premier fonds de matériel très suffisant. Il y est fait des clichés pour projections, qui sont fournis aux divers cours théoriques, des photographies de malades, etc. Les photographies du musée proviennent également de ce service, où l'on travaille activement toute l'année.

ENSEIGNEMENT MÉDICAL

Anatomie.

Professeur : M. GENTES.

Cours d'anatomie. — (Trois fois par semaine dans le semestre d'hiver).

Professeur agrégé : M. PRINCETEAU.

Conférences. — (Trois par semaine en hiver).

Chef des travaux : M. AUBARET.

Conférences. — (Trois par semaine en hiver)
Travaux pratiques de dissection. — (Tous les jours en hiver).

Prosecteur : M. PARCELIER.
Aides d'anatomie : M. VINCENS, N., N.

INSTITUT ANATOMIQUE

L'institut anatomique de la Faculté de médecine de Bordeaux est l'un des plus beaux et des mieux aménagés qui existent.
Situé à l'est de la grande cour d'honneur de la Faculté, l'ins-

titut anatomique se compose de trois pavillons. A, B et C, des cabinets des professeurs, de celui du chef des travaux et du prosecteur, des cabinets des aides. Les sous-sols sont aménagés pour l'injection et la conservation des cadavres.

Les pavillons A et B sont plus particulièrement affectés au service de l'anatomie, et le pavillon C à la médecine opératoire.

Les trois pavillons sont construits sur le même modèle. Ils ont chacun 20 mètres de long sur 10 mètres de large. Chacun d'eux se compose d'un vestibule et d'une salle de dissection.

Le vestibule, auquel donnent accès trois grandes portes s'ouvrant sur la cour d'honneur, comprend lavabos, essuie-mains et autres accessoires de propreté. On y trouve, en outre, plusieurs séries de casiers destinés à recevoir les blouses, livres, boîtes de dissection des élèves.

Une large porte vitrée fait pénétrer dans la salle de dissection. Celle-ci, de forme rectangulaire, est un modèle du genre avec ses grandes fenêtres amenant dans la salle une lumière parfaite, tandis que des jalousies la garantissent contre l'intensité trop grande du soleil. Des bouches de chaleur permettent le chauffage de la salle des sujets. Des ventilateurs énergiques assurent le renouvellement de l'air, condition indispensable à la santé de ceux qui fréquentent l'amphithéâtre. Les grandes fenêtres des amphithéâtres sont munies de panneaux mobiles à leur partie supérieure ; ceux-ci se manœuvrent d'ensemble, par un mécanisme ingénieux, pour aérer à volonté l'amphithéâtre et au degré que l'on croit nécessaire, sans ouvrir les grands battants des croisées.

Des tables en ardoise épaisse sont disposées au nombre de seize sur deux rangées ; elles sont creusées en leur milieu d'une rainure, permettant l'écoulement du sang dans des vases disposés à cet effet. Des tables roulantes, que l'on peut à volonté rendre fixes, servent au transport des sujets du monte-charge dans les salles. L'ameublement, fort simple, est complété par des tabourets en bois de chêne. Des lampes électriques et des becs de gaz, échelonnés le long des murs, permettent de prolonger fort tard au besoin les dissections. Sur les murs de la salle sont placés des tableaux noirs pour les démonstrations. La propreté la plus absolue est entretenue dans la salle, grâce à de fréquents lavages du sol et des murs. Ceux-ci sont entièrement stuqués.

Dans l'amphithéâtre A se trouve à gauche un escalier conduisant aux sous-sols et deux autres amphithéâtres placés au-dessous. A l'extrémité du pavillon A se trouve le cabinet du professeur d'anatomie, composé de deux pièces, l'une meublée d'un bureau et de deux bibliothèques, l'autre comprenant un arsenal fort complet de dissection, histologie et médecine opératoire. Le sous-sol du pavillon A est destiné au dépôt des cadavres et à leur injection. Dans de vastes salles, dont l'air est desséché par le calorifère, se trouvent dix-huit plans inclinés pouvant recevoir chacun trois cadavres, ainsi qu'une glacière et une scie mécanique circulaire.

Dans le local sous-jacent à l'amphithéâtre B se trouvent de

grandes cuves remplies d'alcool et de formol destinées à recevoir, surtout en été, les préparations anatomiques, articulations, membres à conserver pour les cours.

A Bordeaux, les étudiants de première et deuxième année dissèquent tous les jours, et jamais les amphithéâtres ne sont fermés aux étudiants plus avancés voulant se perfectionner dans leurs études anatomiques. Les élèves sont divisés en deux groupes : les anciens, auxquels est réservé l'amphithéâtre A, et les nouveaux, qui occupent l'amphithéâtre B. Chaque table peut recevoir un groupe de cinq étudiants sans qu'ils se gênent mutuellement. Un aide d'anatomie est affecté à chaque amphithéâtre, qu'il dirige sous le contrôle du professeur, du chef de travaux et du prosecteur. Le débutant n'en est donc pas réduit à tâtonner, à marcher au hasard, et il est toujours sûr qu'au besoin les conseils ne lui feront pas défaut.

Avant d'être admis à disséquer, les élèves de deuxième année ont dû suivre des cours d'ostéologie et répondre à un examen spécial d'admission, qui établit qu'ils ont acquis les premières notions préliminaires d'anatomie.

Anatomie générale et histologie.

Professeur : M. VIAULT.

Cours. — (Trois fois par semaine en hiver).

Chef des travaux : M. CASSAET.

Travaux pratiques. — (Trois fois par semaine en été).

Préparateur : M. BEYLOT.
Préparateurs-adjoints : MM. POUYAUD et DUFRANC.

LABORATOIRE D'HISTOLOGIE

Le laboratoire, qui occupe une partie du premier étage de l'aile nord-est de la Faculté, se compose du cabinet du professeur, du cabinet du chef des travaux, du cabinet du préparateur et d'une grande salle (devenue actuellement trop petite) destinée aux travaux pratiques des élèves. Cette salle, éclairée par six grandes fenêtres, trois au nord, trois au midi, peut contenir 30 à 35 élèves manipulant simultanément.

Le laboratoire possède 35 microscopes pour les travaux pratiques, plus un grand microscope complet de Zeiss, de nombreux microtomes, rasoirs et tous les instruments nécessaires aux manipulations, un grand microtome à chariot, un spectroscope grand modèle, des appareils pour la centrifugation, la numération des globules et l'examen colorimétrique du sang, des étuves à régulateur d'Arsonval, un grand appareil enregistreur construit par Quignon, un grand appareil pour projection directe des coupes, etc., etc.

Les travaux pratiques, obligatoires pour les étudiants de première année, ont lieu par séries pendant le semestre d'été. Les élèves trouvent au laboratoire tout le matériel nécessaire à leurs manipulations, verrerie, réactifs, animaux, etc.

Anatomie pathologique.

Professeur : M. COYNE.

Cours. — (Trois fois par semaine dans le semestre d'hiver).

Chef des travaux : M. AUCHÉ.

Travaux pratiques. — (Deux fois par semaine en hiver).

Préparateur : M. BRANDEIS.
Préparateurs-adjoints : MM. CHARRIER et COURAUD.

LABORATOIRE D'ANATOMIE PATHOLOGIQUE

Le laboratoire d'anatomie pathologique comprend cinq pièces principales : le cabinet du professeur, un amphithéâtre de démonstration pratique, qui sert en même temps de salle de travaux pratiques, et trois pièces de travail. Une de celles-ci est destinée plus particulièrement à la bactériologie, une autre est réservée à l'histologie pathologique pure, la troisième sert aux recherches expérimentales. En outre, dans ces trois pièces, sont placés les élèves qui se perfectionnent dans l'étude de l'anatomie pathologique ou qui poursuivent des recherches particulières. Par suite de l'affluence des travailleurs, la place est devenue insuffisante et ne permet pas d'accueillir toutes les demandes; mais la situation va être avantageusement modifiée par la construction d'un vaste laboratoire de travaux pratiques, dont les plans et devis sont établis.

L'outillage du laboratoire se perfectionne tous les ans Déjà, tel qu'il est, il peut permettre de se livrer à toutes sortes de recherches bactériologiques, d'histologie pathologique et de médecine expérimentale.

Sans parler des réactifs colorants ou autres, qui sont aussi nombreux que l'exigent les nécessités de la technique la plus perfectionnée, le laboratoire de bactériologie possède une installation importante. On y compte trois étuves, une étuve de Schribeaux, une étuve de Babès et une étuve d'Arsonval ; des étuves à stérilisation sèche, un autoclave, des filtres de Pasteur et de Kitasato, etc. Il dispose d'un microscope complet de Zeiss d'un grand microscope de Verick et de trois microscopes de Leitz.

Le laboratoire d'histologie pathologique est également suffisamment pourvu ; il possède plusieurs microtomes mécaniques, une étuve à inclusion dans la paraffine, les réactifs appropriés à chaque genre de recherche, cinq microscopes de Dumaige et de Leitz, un compte globules de Verick, deux hématimètres de

Hayem et de Nachet, une platine chauffante de Ranvier, un appareil à photographie, etc.

Le laboratoire des travaux pratiques compte dix microscopes de Leitz, douze loupes montées à main servant aux démonstrations pratiques et tous les ustensiles ou instruments nécessités par les travaux de l'année. On a dû y ajouter tout un matériel de chimie pathologique indispensable à l'exécution de l'épreuve pratique d'anatomie pathologique.

Le laboratoire dispose en outre d'une table d'expérimentation pour attacher et fixer les chiens et les autres animaux, de seringues stérilisables, d'appareils nombreux pour l'analyse des urines, de tous les réactifs et de tout l'outillage nécessaire pour l'examen du suc gastrique et de tous les liquides pathologiques de l'économie.

Les collections sont très riches; il existe plus de 4.000 préparations qui sont à la disposition des travailleurs sur leur demande; des collections moins importantes leur sont confiées constamment. Ce laboratoire possède plus de 400 planches ou dessins ordinaires destinés à illustrer les leçons et à éclairer les démonstrations pratiques; quelques-unes sont de véritables œuvres d'art.

Enfin une bibliothèque de laboratoire renferme, outre les collections techniques des *Archives de médecine expérimentale* et les *Annales de l'Institut Pasteur*, une série de travaux et d'ouvrages spéciaux que le professeur a pu se procurer surtout par dons ou plus rarement par des échanges et qui mettent à la disposition des travailleurs un grand nombre de documents qu'ils peuvent consulter sans perte de temps.

Les étagères sont garnies de 5 à 600 flacons ou bocaux contenant des pièces variées et renouvelées aussi souvent que le permettent les recherches nécropsiques ou les opérations pratiquées dans les services de chirurgie.

Les travaux pratiques durent toute l'année; ils ont lieu deux fois par semaine, le lundi et le vendredi, de une heure à trois heures. Ils comportent, pendant le semestre d'hiver, l'examen clinique, histologique et bactériologique des divers liquides pathologiques de l'économie, urine, crachats, pus, sang, suc gastrique, et pendant l'été l'étude des lésions des tissus pathologiques. En dehors des travaux obligatoires et des recherches scientifiques auxquelles se livrent le personnel du laboratoire et les docteurs ou les étudiants qui ont obtenu l'autorisation d'y travailler régulièrement, on y fait toujours volontiers les analyses ou les examens microscopiques des liquides, des tissus morbides que l'on veut bien y déposer. Une note est toujours remise.

Médecine expérimentale.

Professeur : M. FERRÉ.

Cours : Etude expérimentale des maladies infectieuses. — (Une fois par semaine en hiver et deux fois par semaine en été).

Ce cours est complété par des travaux pratiques de parasitologie et bactériologie. — (En hiver trois fois par semaine).

Préparateur : M. Buard.
Aide du laboratoire : M. Bonnard.

La chaire de médecine expérimentale occupée par M. le professeur Ferré a pour objectif principal l'enseignement de la microbiologie et l'étude expérimentale des maladies infectieuses ou virulentes. Cet enseignement s'y donne sous deux formes.

Le professeur effectue d'abord au moyen de travaux pratiques distribués en douze séries un enseignement tout élémentaire de la bactériologie, mettant ainsi entre les mains des étudiants en médecine qui font ces travaux pratiques (élèves de troisième année) les moyens de pratiquer, au moins au point de vue clinique, des observations bactériologiques précises. Sous forme de leçons expérimentales et didactiques, un certain nombre de maladies sont étudiées dans le cours magistral : les élèves se pénètrent ainsi d'une façon tout à fait intime de la méthode qui doit être employée pour l'étude des maladies infectieuses. Le professeur étudie cette année les microbes du pus; il étudiera plus tard, en principe, la rage, le vibrion septique et le tétanos.

Ce qui caractérise en plus l'enseignement de la chaire de médecine expérimentale de la Faculté de médecine de Bordeaux, c'est qu'à ce laboratoire sont rattachés un certain nombre de services d'application dirigés par M. le professeur Ferré, services dont l'ensemble constitue l'Institut Pasteur de la ville de Bordeaux ou Institut Pasteur municipal. Cet Institut est une fondation municipale subventionnée par le département de la Gironde et les départements des Hautes-Pyrénées, des Basses-Pyrénées, des Landes, du Lot-et-Garonne et de la Dordogne.

Les élèves de la Faculté de médecine peuvent se familiariser avec les manipulations pratiquées dans ces services. L'Institut Pasteur de la ville de Bordeaux comprend : 1º un service antidiphtérique établi depuis 1894, service où l'on pratique couramment le diagnostic bactériologique de la diphtérie (plus de 800 diagnostics en moyenne), et où l'on prépare du sérum antidiphtérique. Six chevaux fournissent du sérum; 2º un service antirabique fonctionnant depuis l'année 1900 et où se rendent, pour suivre le traitement pasteurien, les personnes mordues, dans la région du Sud-Ouest, par des animaux atteints ou suspectés de rage ; 3º un service de la vaccine ; 4º un service de diagnostic de la tuberculose.

Dans le même laboratoire de médecine expérimentale se pratiquent : 1º quand les circonstances l'exigent, le diagnostic bactériologique de la peste, M. Ferré étant chargé par M. le Ministre de l'intérieur des recherches spéciales pour la région du Sud-Ouest et pour la cinquième circonscription maritime (Pauillac) ; 2º d'une façon continue, les analyses bactériologiques diverses, le séro diagnostic de la fièvre typhoïde, le séro-diagnostic de la tuberculose.

Chimie biologique.

Professeur : M. DENIGÈS.

Cours. — (Trois leçons par semaine, en hiver).
Travaux pratiques. — (Trois fois par semaine, en hiver).

Chef du laboratoire : M. LABAT.
Préparateur : M. SIMONOT.

LABORATOIRE DE CHIMIE BIOLOGIQUE

Le laboratoire de chimie biologique, qui occupe encore une partie de l'ancien service d'anatomie pathologique de la Faculté de médecine, avant son transfert place d'Aquitaine, comprend quatre pièces principales et une chambre noire pour la photographie, la spectroscopie et la polarimétrie.

L'une de ces pièces est affectée à l'urologie, à la lactométrie et à l'analyse des autres liquides de l'organisme : les élèves, inscrits au laboratoire pour y poursuivre des recherches et y préparer des thèses, exécutent là leurs travaux.

Ce local renferme, en outre, la collection de produits minéraux et celle des liquides pathologiques conservés par l'emploi isolé ou combiné, selon les cas, du thymol, du formol et des fluorures alcalins, on y trouve aussi les essoreuses et les appareils de centrifugation pour le sang, l'urine, le lait, etc.

La seconde pièce est particulièrement destinée aux analyses organiques, aux évaporations et aux distillations ; c'est la salle des étuves, des bains de divers ordres, des réfrigérants. Elle contient la collection de produits organiques usuels et la réserve des gros produits chimiques, ainsi que les principales liqueurs titrées employées en analyse; c'est plus spécialement le laboratoire du préparateur en chef, le préparateur adjoint travaillant dans la précédente salle.

La troisième pièce est destinée à la bactériologie et renferme tout l'outillage relatif à cette branche de la biologie.

Enfin la quatrième pièce constitue le cabinet du professeur et la salle des balances et des microscopes. On y conserve la collection des produits biologiques et les substances organiques rares.

A ce laboratoire est rattaché, dans les locaux du rez-de-chaussée, le service des travaux pratiques de chimie biologique auxquels sont astreints les élèves en médecine de 2e année.

Pathologie et thérapeutique générales.

Professeur : M. N.

Cours normal. — (Trois fois par semaine, en hiver).

LABORATOIRE DE PATHOLOGIE GÉNÉRALE

Le laboratoire de pathologie et de thérapeutique générales est divisé en deux parties. La première, située au rez-de-chaussée de la Faculté, est constituée par une pièce assez vaste avec vitrines contenant d'importantes collections histologiques. Mises à l'abri de la lumière, ces collections se conservent fort bien, et sont un précieux élément pour l'étude des questions d'anatomie pathologique.

Dans la seconde pièce, située au-dessus, sont les instruments, microscopes des meilleures marques avec les objectifs à immersion les plus perfectionnés, spiromètres, polygraphes, etc. etc.

Thérapeutique.

M. N...

Cours normal. — (Trois fois par semaine, en hiver)

LABORATOIRE DE THÉRAPEUTIQUE

Le laboratoire actuel est tout à fait provisoire ; il se compose au rez-de-chaussée d'un cabinet de travail, et à l'entresol d'une pièce contenant des collections de médicaments. L'outillage et les crédits suffisants pour la thérapeutique expérimentale font défaut. La Faculté a adopté depuis déjà longtemps les plans d'un laboratoire complet qui va être édifié dans un grand terrain libre, en arrière des pavillons d'anatomie. Alors seulement la thérapeutique expérimentale pourra prendre le développement qu'elle comporte dans une Faculté de médecine.

Médecine légale.

Professeur : M. L. LANDE.

Cours. — (Trois fois par semaine, en hiver).

Chef de laboratoire : M. P. LANDE fils.

Autopsies médico-légales. — (Annoncées par des avis spéciaux).

LABORATOIRE DE MÉDECINE LÉGALE

Le laboratoire de médecine légale est situé au 1er étage, côté sud-est de la Faculté. Il comprend :
Un laboratoire des élèves avec installation pour des recherches histologiques spéciales et pour des expertises de chimie toxicologique.

Un laboratoire spécial pour le professeur.
Un cabinet pour le chef de laboratoire.
Une salle destinée à servir de musée médico-légal.
Un sous-sol avec salle spéciale pourvue d'eau et de gaz.

Des autopsies médico-légales y sont pratiquées en présence des élèves par M: le Dr Lande, chef de laboratoire, toutes les fois que les circonstances le permettent.

Des dispositions spéciales ont été prises pour que ces autopsies soient faites dans les conditions les plus absolues de sécurité pour les pièces à conviction ; les juges d'instruction y assistent quand ils le jugent nécessaire.

L'enseignement de la médecine légale comprend, avec le cours du professeur, des leçons pratiques faites pendant le semestre d'été par le chef de laboratoire, et les autopsies cliniques.

Le cours de médecine légale est chaque année complété par des leçons portant sur la déontologie et sur les accidents du travail.

Pathologie exotique.

Professeur : M. Le Dantec.

Cours théorique : Climats en général. — Climats chauds en particulier. — Colonies et colonisation. — Armée coloniale. — Main-d'œuvre coloniale. — Maladies cosmopolites et maladies endémiques. — Paludisme, fièvre jaune, peste, choléra. — Maladie du sommeil. — Béribéri. — Phagédénisme des plaies. Pied de Madura, etc.

Travaux pratiques : Recherche des hématozoaires, dysenteries bacillaire, amibienne, filarioses, etc., etc.

Enseignement clinique : Dans la salle des maladies des pays chauds à l'hôpital du Tondu.

Physiologie.

Professeur : M. Jolyet.

Cours. — (Trois fois par semaine en été).

Agrégé : M. Gautrelet.

Cours complémentaire. — (Trois fois par semaine en hiver). •

Chef des travaux : M. Sellier.

Travaux pratiques. — (Trois fois par semaine en été).

Préparateur : M. Soulé.
Préparateurs-adjoints : MM. Delaunay et N.

LABORATOIRE DE PHYSIOLOGIE

L'Institut de physiologie de la Faculté de médecine de Bordeaux comprend deux sections bien distinctes : l'une placée au côté nord-est de la Faculté et l'autre du côté sud-ouest.

Au nord-est se trouve tout ce qui a rapport à l'enseignement de la physiologie : le laboratoire du professeur, celui qui sert à la préparation des cours, et l'amphithéâtre de démonstration avec ses aménagements spéciaux.

Les laboratoires d'enseignement comprennent : un cabinet de travail pour le professeur, où se trouvent une bibliothèque et des appareils délicats, polygraphes, galvanomètres et divers instruments destinés à l'étude de l'électro-physiologie. La grande salle de démonstration peut donner place à 150 auditeurs. Cette salle est aménagée pour les démonstrations et expériences de physiologie. On peut y faire l'obscurité quand le cours doit s'accompagner de projections. Au-dessous de la salle de cours est installé un moteur à gaz transmettant le mouvement aux appareils qui doivent fonctionner pendant le cours. Dans les sous-sols existe une machine Gramme qui donne de l'électricité quand on a besoin de courants électriques comme source de lumière, de chaleur ou de mouvement. La plupart des appareils ont leur place fixe et le professeur n'a pas à les transporter dans une salle de cours plus ou moins éloignée. Un polygraphe spécial à projections donne la facilité de projeter les mouvements de la respiration, du cœur, les secousses du muscle, et de mesurer la vitesse de l'agent nerveux.

Deux salles renfermant des étuves et des appareils de chimie pouvant servir à faire des recherches de chimie biologique sont placées à côté de la salle des cours.

Dans le sous-sol, au-dessous du cabinet du professeur, il y a un laboratoire de chimie biologique qui renferme :

1° Une grande paillasse recouverte de carreaux de porcelaine et munie d'un certain nombre de canaux d'aspiration pour l'évaporation au bain de sable et d'une cage vitrée à cheminée d'aspiration directe.

2° Une grande table pour analyses biologiques avec cuves à eau d'un côté et lavabo de l'autre.

3° Une grande glacière.

4° Divers instruments pour extraction et analyse des gaz du sang et de l'air; des pompes pneumatiques à mercure, des cuves à mercure. Les élèves font dans les sous-sols des vivisections et de l'anatomie comparée pour des recherches particulières.

Au-dessous du laboratoire d'enseignement sont installés le moteur à gaz, les établis, les tours et la forge pour la fabrication des instruments et appareils de recherche et de démonstration, des aquariums d'eau douce et d'eau de mer, des chenils pour les animaux en expérience.

Dans l'aile sud-est de la Faculté se trouve le laboratoire des travaux pratiques, où les élèves sont surtout exercés à la numération des globules du sang, aux analyses des liquides de l'organisme et au maniement des appareils enregistreurs.

Les élèves sont convoqués par séries et donnent par écrit les résultats des expériences, qui sont vérifiés par le chef du laboratoire des travaux pratiques. Les analyses faites sont annotées et conservées dans un casier spécial à chaque élève.

Quarante-huit élèves peuvent manipuler à l'aise dans chaque série.

L'enseignement de la physiologie est donné à la Faculté de Médecine de Bordeaux aux élèves de 1re et de 2e année, d'une part par des cours, d'autre part par des travaux pratiques obligatoires.

Cours. — Les élèves de 1re et de 2e année devant suivre cet enseignement, il est indispensable que chaque nouvelle promotion ait son cours spécial. A cet effet, le professeur et l'agrégé se partagent l'enseignement complet de physiologie. Les élèves de 1re année ne suivent qu'un des cours. Ceux de 2e année suivent l'autre.

Travaux pratiques. — Ils sont obligatoires pour les élèves de 2e année, qui sont, au début de la saison d'été, divisés en trois séries prenant part chacune séparément et successivement aux manipulations. Ils ont surtout pour but d'exercer les élèves dans la pratique de toutes les méthodes d'analyse utilisées en médecine pour l'appréciation exacte de l'organisme au point de vue physiologique.

Les principales manipulations peuvent être groupées de la façon suivante :

1º Analyse chimique des liquides organiques (sang, urine, etc., etc.).

2º Analyse par les méthodes optiques : microscopique, spectroscopique, colorimétrique, etc., etc.

3º Applications diverses de la méthode graphique à la physiologie et à la clinique : sphygmographie, pneumographie, cardiographie, etc., etc.

Physique biologique et électricité médicale.

Professeur : M. BERGONIÉ.

Cours : Technique de physique médicale, préparatoire aux travaux pratiques. — (Trois fois par semaine, en été).

Travaux pratiques. — (Trois fois par semaine en été au laboratoire et tous les jours, à 9 heures, à la clinique d'électricité médicale).

Préparateur : M. DISSEZ.
Aide de clinique électrothérapique : M. ROQUES.

LABORATOIRE DE PHYSIQUE BIOLOGIQUE ET D'ÉLECTRICITÉ MÉDICALE

Le laboratoire correspondant à la chaire de physique biologique et d'électricité médicale, créée par décret du 6 juin 1902, comprend, comme le titre de la chaire l'indique, deux parties distinctes et deux locaux entièrement différents.

L'un des locaux est affecté à l'enseignement de la physique biologique s'adressant aux élèves de deuxième année. L'autre local, non loin du premier, est affecté à l'enseignement de l'électricité médicale; il est destiné aux élèves de quatrième année et aux docteurs stagiaires. Ce dernier local est rattaché d'autre part à l'Administration des hospices.

Le local où se fait l'enseignement de la physique biologique comprend une dizaine de pièces, distribuées de la façon suivante : au rez-de-chaussée, une salle de préparation de cours avec un atelier, une chambre pour accumulateurs où se trouve un tableau de distribution permettant d'utiliser l'énergie électrique dans les différentes pièces du laboratoire, dans le grand amphithéâtre et dans le local où se fait l'enseignement pratique et clinique de l'électricité médicale. Une partie du rez-de-chaussée, tout le premier étage et la plus grande partie du deuxième étage sont consacrés aux *travaux pratiques de physique biologique* qui s'effectuent dans le deuxième semestre et sont destinés aux élèves de deuxième année. Les appareils y sont installés à poste fixe pour quarante-deux déterminations physiques choisies parmi celles que le médecin a l'occasion ou aurait l'intérêt de faire dans sa pratique professionnelle. En dehors des heures et des jours de travaux pratiques, les mêmes déterminations peuvent être faites par tout élève régulièrement inscrit après demande faite au professeur et autorisation de celui-ci.

Le reste du deuxième étage, c'est-à-dire une petite pièce seulement, sert de cabinet et de laboratoire particuliers pour le professeur.

L'enseignement théorique, pratique et clinique de l'*électricité médicale* se fait dans une série de locaux appartenant, les uns à la Faculté, les autres à l'administration des hospices, situés non loin des premiers et au premier étage du bâtiment au fond de la cour Saint-Raphaël.

Dans les locaux appartenant à la Faculté (surface 220 mètres carrés) est organisé l'enseignement de l'*électrodiagnostic* et de l'*électrothérapie*. Cet enseignement, créé officiellement en 1885, est alimenté, au point de vue clinique, tant par les malades des hôpitaux que par des consultants venus de l'extérieur. Les étudiants de quatrième année y sont admis comme stagiaires, ainsi que les docteurs. L'enseignement est complet en un trimestre. Dans cet enseignement le professeur a, comme assistant, un aide de clinique nommé par la Faculté et docteur en médecine.

Le nombre des malades nouveaux traités par année s'élève en moyenne à 1.000, le nombre des électrisations étant de plus de 10.000, formant ainsi un matériel clinique des plus riches pour cet enseignement spécial.

L'enseignement de la radiographie, de la radioscopie et radiothérapie, qui forment la seconde branche de l'électricité médicale, est donné dans le service des rayons X de l'Hôpital Saint-André dont les locaux sont réunis au service d'électrothérapie par une passerelle particulière. Ce service, l'un des mieux installés de France, dispose de tout un étage aménagé spécialement pour lui. La radiographie est pratiquée tant sur les malades de l'Hôpital Saint-André adressés par les chirurgiens et par les médecins que sur les malades venus de l'extérieur. Le nombre de ces clichés radiographiques s'élève à plus d'un millier par an. Les examens radioscopiques sont faits avec une instrumentation spéciale et dans une pièce absolument noire dans laquelle on peut pénétrer et de laquelle on peut sortir sans en troubler l'obscurité profonde, au moyen d'un sas noir disposé à cet effet. Les applications radiothérapiques sont faites au moyen de trois postes distincts permettant de traiter trois malades à la fois. Ces postes sont disposés de manière à protéger contre les méfaits des rayons X, au moyen d'un dispositif spécial, tous ceux qui sont chargés de les appliquer. Aux pièces nécessaires pour faire attendre les malades, faire les radiographies, les radioscopies, les applications radiothérapiques, le cabinet noir de développement, les cabines pour la préparation des malades, est adjointe une pièce où sont exposés à la fois, éclairés par en haut, un très grand nombre de clichés négatifs radiographiques et servant à l'enseignement des élèves qui fréquentent le service et de ceux qui suivent les travaux pratiques. La clinique électrothérapique possède aussi l'appareillage nécessaire pour la fulguration.

Le professeur a comme aides dans ce service, en plus de son aide de clinique, docteur en médecine, et de son préparateur, fonctionnaires de l'Université, un assistant, une sœur infirmière et deux infirmiers nommés par l'Administration des Hospices; de plus, un mécanicien électricien chargé de l'entretien et de la réparation des appareils.

Les opérations radiographiques, les examens radioscopiques et les opérations radiothérapiques y sont régulièrement pratiqués trois fois par semaine, les lundi, mercredi, vendredi, de huit heures à midi. Les étudiants régulièrement inscrits et les stagiaires ayant pris leur inscription au Secrétariat de la Faculté après autorisation du professeur, peuvent y assister.

Médecine opératoire.

Professeur : M. N...

Cours normal. — (Trois fois par semaine en été).

Chef des travaux : M. LAFITE-DUPONT.

Travaux pratiques. — (Trois fois par semaine en été).

Aide d'anatomie : M. N...

SERVICE DE MÉDECINE OPÉRATOIRE ET ANATOMIE TOPOGRAPHIQUE

Un pavillon de l'Institut anatomique, le pavillon C, est plus spécialement réservé aux exercices pratiques de médecine opératoire et d'anatomie topographique.

Ce pavillon est de dimension égale au pavillon A et au pavillon B. Il contient le même nombre de tables.

Au fond de ce pavillon s'ouvre le cabinet du professeur, qui se compose d'un cabinet de travail avec bibliothèques, tables pour les exercices microscopiques et vestiaire, et d'un laboratoire d'études et de recherches contenant une table de dissection, un arsenal d'instruments de chirurgie, des vitrines pour des pièces anatomiques, des étuves à stérilisation, etc., etc.

C'est dans ce laboratoire qu'on prépare les pièces qui doivent servir au cours du professeur et qu'on fait des exercices de médecine opératoire, soit sur le cadavre, soit sur des animaux vivants.

Les exercices de médecine opératoire sont faits en été du 1er mars au 1er juillet.

Il y a en hiver des travaux pratiques facultatifs de révision pour les élèves de 4e année et ceux qui sont en cours d'examens de doctorat.

En été, au moment où finit le cours du professeur de médecine opératoire, quelques élèves font, sous la direction du professeur et dans son laboratoire particulier, de la chirurgie expérimentale sur des animaux.

Le laboratoire de médecine opératoire est aménagé pour pouvoir servir à des recherches d'ophtalmoscopie, d'otoscopie et de laryngologie.

On peut y faire l'obscurité et le transformer en cabinet noir.

Une section spéciale du musée de la Faculté contient un arsenal de chirurgie dont les instruments servent aux démonstrations faites aux élèves.

La médecine opératoire est complètement séparée, au point de vue de son enseignement, de l'anatomie. Elle forme avec l'anatomie topographique un service spécial qui a un chef des travaux.

L'enseignement de l'anatomie topographique est donné en hiver aux élèves de 3e année qui sont exercés aux travaux pratiques d'anatomie topographique dans le pavillon C. Cet enseignement pratique prépare les élèves aux épreuves d'anatomie topographique du troisième examen de doctorat. Il se fait simultanément avec un cours complémentaire d'anatomie topographique.

La médecine opératoire occupe les élèves pendant le semestre d'été; c'est le moment où se fait le cours du professeur. C'est à cette époque qu'ont lieu les exercices pratiques obligatoires de médecine opératoire pour les élèves de 3e année. Le chef des travaux de médecine opératoire, sous la direction du professeur, avec l'aide du prosecteur et des aides d'anatomie, se consacre tout l'été aux travaux pratiques et à l'enseignement de la médecine opératoire sur le cadavre et sur des animaux vivants quand les travaux pratiques le comportent.

Hygiène.

Professeur : M. LAYET.

Cours normal. — (Trois fois par semaine en été)

Chef de laboratoire : M. MONTÉLI.

LABORATOIRE D'HYGIÈNE

Le laboratoire d'hygiène est situé au premier étage de la Faculté dans le couloir sud. Il comprend :

Un cabinet de travail pour le professeur;

Un laboratoire d'expertises sanitaires destiné aux recherches expérimentales et aux analyses chimiques.

Un laboratoire de bactériologie appliquée, pour les analyses biologiques et pathologiques de l'air, du sol et des eaux souillés par les divers agents infectieux.

Une salle, munie d'un amphithéâtre de cours, destinée aux collections d'appareils, de plans, de dessins, etc., de spécimens, en un mot de tous les objets concernant l'enseignement des applications pratiques de la science sanitaire.

L'étude du vaccin antivariolique, les méthodes et procédés de culture, d'épuration et de conservation de la matière vaccinale dans leurs rapports avec son emploi au loin et dans les colonies sont, depuis de longues années, l'objet d'un enseignement spécial.

Des excursions aux grands établissements industriels sont organisées en été, sous la direction du professeur qui fait étudier sur place à ses élèves toutes les questions relatives à l'hygiène professionnelle.

Des excursions du même genre sont organisées pour étudier aussi de la même manière diverses questions intéressant l'hygiène des villes.

L'enseignement médical comprend en outre des conférences portant sur la *pathologie interne* et *externe*, sur la *séméiologie médicale* et *chirurgicale* et confiées à MM. Guyot, Bégouin, Venot, agrégés de chirurgie, et MM. Mongour, Cabannes, Verger et Abadie, agrégés de médecine.

CLINIQUES

Clinique médicale.

Professeur : M. ARNOZAN.

Leçons cliniques à l'Hôpital Saint-André. — (Trois fois par semaine, en hiver).

Chef de clinique : M. LAUTIER.

Professeur : M. PITRES.

Leçons cliniques à l'Hôpital Saint-André. — (Trois fois par semaine, en été).

Chef de clinique : M. DESQUEYROUX.

Clinique chirurgicale.

Professeur : M. VILLAR.

Leçons cliniques à l'Hôpital Saint-André. — (Trois fois par semaine, en hiver).

Chef de clinique : M. LAFFARGUE.

Professeur : M. DEMONS.

Leçons cliniques à l'Hôpital Saint-André. — (Trois fois par semaine, en été).

Chef de clinique : M. CHARBONNEL.

Clinique d'accouchements.

Professeur : M. LEFOUR.

Leçons cliniques à l'Hôpital Pellegrin. — (Deux fois par semaine).

Agrégé : M. ANDÉRODIAS.

Cours complémentaire d'accouchements. — (Trois fois par semaine, en hiver).

Agrégé : M. PÉRY.

Conférence pratique d'obstétrique. Exercices pratiques sur le mannequin. — (Deux fois par semaine).

Chef de clinique : M. DENIS.

Clinique ophtalmologique.

Professeur : M. BADAL.

Leçons cliniques. — (Deux fois par semaine à l'Hôpital Saint-André).
Consultations publiques : Tous les jours de neuf à dix heures.
Chirurgie oculaire : Lundi, mercredi, vendredi, de dix à onze heures.

Exercices d'optométrie et d'ophtalmoscopie : Mardi, jeudi et samedi, de dix à onze heures.

Chef de clinique : M. TEULIÈRES.

Cours complémentaire d'ophtalmologie.

Professeur agrégé : M. LAGRANGE.

Optométrie. — (Trois fois par semaine, en été).

Clinique des maladies chirurgicales des enfants.

Professeur : M. DENUCÉ.

Leçons cliniques. — (Deux fois par semaine à l'Hôpital des Enfants).

Chef de clinique : M. PUYHAUBERT.
Démonstrateur technique d'orthopédie : M. GOURDON.

Clinique médicale des maladies des enfants.

Professeur : M. MOUSSOUS.

Leçons cliniques. — (Deux fois par semaine à l'Hôpital des Enfants).

Chef de clinique : M. CARLES.

Clinique gynécologique.

Professeur : M. CHAVANNAZ.

Leçons cliniques. — (Une fois par semaine à l'Hôpital du Tondu).

Chef de clinique : M. LEFÈVRE.

Clinique des maladies cutanées et syphilitiques.

Professeur : M. DUBREUILH.

Leçons cliniques. — (Le samedi à l'Hôpital du Tondu ; le lundi à l'annexe Saint-Raphaël).

Aide de clinique : M. FRÈCHE.

Clinique des maladies des voies urinaires.

Professeur : M. Pousson.

Leçons cliniques. — (Une fois par semaine à l'Hôpital du Tondu).

Aide de clinique : M. Oraison.

Maladies du larynx, des oreilles et du nez.

Professeur adjoint : M. Moure.

Leçons cliniques. — (Deux fois par semaine à l'annexe Saint-Raphaël).

Aide de clinique : M. Brindel.

Maladies mentales.

Professeur adjoint : M. Régis.

Leçons cliniques. — (Une fois par semaine à l'Hôpital Saint-André).

Aide de clinique : M. Galtier.

LABORATOIRE DES CLINIQUES MÉDICALES ET CHIRURGICALES

Chef des travaux : M. Sabrazès, agrégé.
Aide-préparateur : M. Munatet.

Examen des pièces cliniques.

Le laboratoire des cliniques est situé à proximité de l'Hôpital Saint-André, dans l'annexe Saint-Raphaël de la Faculté de médecine.

Ce laboratoire possède l'instrumentation moderne indispensable pour les recherches microscopiques et bactériologiques, pour les études de médecine expérimentale, d'hématologie et de chimie clinique, pour l'enregistrement des phénomènes physiologiques et pathologiques (tracés de pouls, de cœur, de respiration, de tremblements, de l'équation personnelle, etc., etc.).

Les applications diverses de la photographie y sont largement représentées : photographie stéréoscopique, micro-photographie, radiographie, etc.

Le laboratoire des cliniques n'est pas seulement affecté aux examens extemporanés des tumeurs, des excrétions, des liquides pathologiques : c'est aussi un laboratoire des recherches scientifiques d'où sont sortis de nombreux travaux depuis l'année 1893, date de sa fondation. Les locaux actuels sont insuffisants, mais une convention passée entre l'État et la Ville assure au Laboratoire des cliniques une installation plus moderne et plus complète.

ENSEIGNEMENT CLINIQUE COMPLÉMENTAIRE

(Semestres d'hiver et d'été).

Consultations gratuites réservées aux indigents.

ANNEXE DE LA FACULTÉ

Rue Jean-Burguet, n° 3.

Maladies chirurgicales. — M. VILLAR.

Jeudi, à 8 h.

M. DEMONS.

Vendredi, à 8 h. 1/2.

Médecine générale. — M. ARNOZAN.

Mardi, à 9 h.

Maladies du système nerveux. — M. PITRES.

Mercredi, samedi, à 9 h.

Electricité médicale clinique. — M. BERGONIÉ.

Lundi, mercredi, vendredi, à 9 h.

Maladies de la peau. — M. DUBREUILH.

Lundi, mercredi, vendredi, à 9 h., opérations, jeudi, à 9 h.

Maladies des femmes. — M. CHAVANNAZ.

Jeudi, samedi, à 1 h.

Maladies des voies urinaires. — M. POUSSON.

Lundi, mercredi, à 1 h.

Maladies du larynx, des oreilles et du nez. — M. Moure.

Mercredi, samedi, à 9 h. 1/2 (gorge et larynx).
Mardi, vendredi, à 9 h. 1/2 (oreilles et nez).
Mercredi, samedi, à 8 h. 1/2 (opérations).

Maladies mentales. — M. Régis.

Mardi, à 1 h.

Maladies des pays chauds. — M. Le Dantec.

Lundi, vendredi, à 2 h. 1/2.

HÔPITAL SAINT-ANDRÉ

Maladies des yeux. — M. Badal.

Tous les jours à 9 h.

HÔPITAL PELLEGRIN

Maladies des femmes enceintes et consultations pour nourrissons. —M. Lefour.

Lundi et mercredi, à 1 h.

HÔPITAL DES ENFANTS

Maladies chirurgicales des enfants et orthopédie. — M. Denucé.

Lundi, à 8 h. du matin et à 5 h. du soir.
Mercredi, vendredi, à 8 h.

Maladies internes des enfants. — M. A. Moussous.

Mardi, jeudi, samedi, à 9 h.

Ces consultations, publiques et gratuites, sont réservées aux ouvriers, aux indigents, aux nécessiteux et aux malades dans une situation peu aisée, recommandés par leurs médecins. Elles comprennent :

A l'annexe Saint-Raphaël : a) Les consultations médicales et chirurgicales, b) celles de la clinique électrothérapique, c) des maladies des femmes, d) des maladies de la peau, e) des maladies des femmes, f) des maladies du larynx, des oreilles et du nez, g) des maladies mentales, h) des maladies des pays chauds.

A l'Hôpital Saint-André, les consultations de la clinique des yeux.

A l'Hôpital des Enfants, les consultations de médecine et de chirurgie.

A l'Hôpital de Pellegrin, les consultations de la clinique d'accouchements.

Consultations de médecine et de chirurgie.

(Saint-Raphaël).

Des consultations externes sont annexées aux cliniques générales. Leur clientèle, plus variée que celles des services hospitaliers, constitue un admirable matériel d'étude. Les étudiants y voient une foule de maladies qu'ils n'ont jamais ou presque jamais l'occasion de rencontrer dans les hôpitaux. Ils y voient aussi un grand nombre de malades intéressants ou difficiles envoyés par les médecins de la ville ou de la banlieue. Ils assistent à l'interrogation de ces malades; ils participent à leur examen; ils écrivent, sous la dictée de leurs chefs, les ordonnances détaillées qui leur sont délivrées, et ils se familiarisent ainsi, dans des conditions tout particulièrement favorables, avec les difficultés de la clientèle courante.

L'enseignement donné aux consultations externes ne saurait assurément remplacer les leçons magistrales qui se font à l'hôpital, mais il les complète par une sorte de cours d'application pratique fort utile à la jeunesse studieuse.

Consultation des maladies des femmes.

La consultation annexe de gynécologie a été fondée en 1891. Elle a lieu deux fois par semaine, les jeudi et samedi, à 1 heure de l'après-midi. Un chef de clinique est attaché au service.

Cette consultation n'a pas tardé à être très fidèlement suivie par une nombreuse clientèle. Depuis sa fondation, elle a servi à donner des soins à un nombre considérable de malades, dont beaucoup ont reçu de très nombreux pansements.

Elle permet aux élèves d'étudier les malades susceptibles de travailler, de suivre des cas relativement légers et de voir tous les pansements de la petite chirurgie gynécologique.

Cet enseignement a été érigé en chaire magistrale le 13 mai 1895 (fondation Dupouy) et le chargé de cours de gynécologie a été nommé professeur de clinique gynécologique. La clinique a été d'abord faite à l'hôpital Saint-André, mais, depuis le 16 novembre 1903, le service de la clinique gynécologique a été créé et installé à l'hôpital du Tondu. Il est constitué par une salle et demie de malades comprenant trente lits. Le professeur y fait tous les jours la visite, à 8 h. 1/2 du matin; les opérations ont lieu le mercredi et le vendredi à la même heure. L'enseignement est complété par une leçon clinique ayant lieu tous les mardis à 10 heures.

Cette organisation permet de compléter l'enseignement donné à la consultation en montrant aux élèves toutes les malades dont l'état semble mériter l'hospitalisation, et en leur permettant d'assister à la pratique des grandes opérations gynécologiques.

Consultation des maladies de la peau.

La clinique dermatologique s'est complétée depuis l'année
1903 par la création à l'hôpital du Tondu d'un service de 40 lits
remplaçant avantageusement la salle basse de l'hôpital Saint-
Jean, qui était affectée à la clinique dermatologique.

Jusque-là les malades ne pouvaient être hospitalisés, ou s'ils
l'étaient, c'était dans de mauvaises conditions. Ils étaient dissé-
minés dans les divers services de l'Hôpital Saint-André et plus
ou moins perdus de vue. Maintenant ils peuvent être suivis
régulièrement et soignés d'une façon plus méthodique.

La visite à l'hôpital du Tondu a lieu trois fois par semaine :
les mardi, jeudi et samedi; les opérations ont lieu le jeudi, et
le samedi est consacré à des leçons cliniques au lit du malade.

La consultation externe n'a rien perdu de son importance
par cette nouvelle création; elle a lieu les lundi, mercredi et
vendredi. Les malades ne peuvent y être examinés aussi complètement que dans une salle d'hôpital; mais on en voit passer
un beaucoup plus grand nombre et on peut beaucoup mieux y
exercer les élèves à voir les dermatoses et à en reconnaître les
caractères importants et constants à travers les aspects variables qu'elles peuvent revêtir. Il y a un grand nombre de maladies cutanées qui ne nécessitent pas l'hospitalisation et qu'on
ne peut voir qu'à la consultation externe, tandis que d'autre
part on apprend mieux à soigner les malades atteints d'une
affection grave quand ils sont hospitalisés. Les deux parties du
service se complètent donc l'une l'autre et sont l'une et l'autre
également utiles aux malades et aux élèves.

Consultation des maladies des voies urinaires.

Ces consultations, instituées en 1891, ont attiré un nombre de
malades qui n'a cessé d'aller en s'accroissant. Durant les quatre
premières années, elles ont seules fourni les matériaux d'enseignement des cours complémentaires des maladies des voies
urinaires. M. Pousson étant devenu après ce laps de temps
chirurgien titulaire de l'hôpital Saint-André, a utilisé les deux
salles qu'il dirigeait pour hospitaliser les malades dont l'état
réclamait une intervention ou des soins assidus. Grâce à cette
circonstance, l'enseignement de la chirurgie urinaire a pu être
heureusement complété huit ans avant qu'ait été exécutée la
convention intervenue entre l'Etat et la ville de Bordeaux pré-
voyant l'adjonction de deux salles de malades au service de la
consultation.

Depuis le mois de novembre 1903, l'ouverture de l'hôpital du
Tondu a enfin permis à la clinique annexe des maladies urinaires
d'atteindre son complet développement.

En suivant les consultations externes, qui s'élèvent à environ
3.000 par an, les élèves peuvent perfectionner leur instruction

médicale et s'exercer sous la direction du professeur et d'un aide de clinique, docteur en médecine, aux explorations et manœuvres instrumentales, ainsi qu'aux diverses opérations de la petite chirurgie urinaire. Les salles de l'hôpital du Tondu leur sont également ouvertes tous les jours et l'enseignement est distribué de la façon suivante : lundi, mercredi, visite des malades à 9 heures : mardi et samedi, opérations; jeudi, cystoscopie; vendredi, à 10 heures, leçon clinique.

Consultation des maladies du larynx, des oreilles et du nez.

La clinique des maladies du larynx, des oreilles et du nez de la Faculté de médecine, a été fondée en 1891. Environ 2.500 nouveaux malades fréquentent annuellement cette consultation qui est spécialement destinée à l'enseignement des élèves. Dans ce but, différents postes d'éclairage électrique ou becs Auer sont placés dans la salle de la clinique de manière à permettre à un certain nombre d'élèves d'examiner les malades en même temps. Un appareil Molteni éclairé à la lumière électrique sert au chargé de cours pour la démonstration des affections du larynx qui ne sauraient être examinées sans trop de fatigue pour les malades, par plusieurs étudiants inexpérimentés.

L'enseignement est purement clinique, c'est-à-dire fait sur des malades qui viennent à la consultation, de telle sorte que les élèves sont exercés au maniement des instruments spéciaux et reçoivent en même temps des données théoriques et pratiques sur les affections qui se déroulent sous leurs yeux.

Grâce à l'obligeance de l'Administration des Hospices, des lits sont annexés à la clinique (à l'Hôpital du Tondu), ce qui permet d'hospitaliser un certain nombre de malades à opérer et par conséquent de suivre le mouvement chirurgical vers lequel s'orientent ces branches spéciales de la médecine.

La consultation a lieu tous les jours (lundi et jeudi exceptés), elle est divisée en maladies du larynx, d'une part, maladies des oreilles et du nez d'autre part. Le samedi est exclusivement réservé aux petites opérations avec ou sans anesthésie. Le lundi matin sont faites à l'Hôpital du Tondu les opérations nécessitant le chloroforme et l'hospitalisation des malades. Il va sans dire que les opérations d'urgence sont faites n'importe quel jour de la semaine, lorsqu'elles se présentent.

Un aide de clinique, docteur en médecine, est attaché à ce service, qui comprend en outre un interne, deux externes des Hôpitaux et des étudiants de 4ᵉ année. Plusieurs docteurs en médecine aident également le chargé de cours, à titre bénévole.

Depuis l'année scolaire 1902-1903, le conseil de la Faculté a décidé que les docteurs en médecine, Français ou étrangers, qui désireraient se perfectionner dans l'étude des maladies du larynx, des oreilles et du nez, pourraient être inscrits à la Faculté en versant un droit de 50 fr. par trimestre. Les docteurs inscrits sont exercés sous le contrôle du chef de service ou de son aide aux opérations de petite chirurgie faites sur les organes soignés à cette clinique spéciale.

Consultation des maladies mentales.

Cette consultation, qui fonctionne depuis l'année scolaire 1892-1893, et où sont reçus tous les sujets atteints de troubles psychiques, même les plus légers, rend les plus grands services à l'enseignement des maladies mentales.

Elle constitue, d'une part, pour le chargé de cours, un excellent moyen d'enseignement pratique, puisqu'il doit procéder, devant les élèves, à l'interrogatoire et à l'examen des malades, et, séance tenante, à l'établissement du diagnostic et du traitement.

Elle lui permet, d'autre part, de choisir au passage les malades présentant un intérêt particulier, de les étudier plus complètement, et d'en faire le point de départ et l'objet principal des leçons cliniques qui suivent.

Enfin l'accumulation des observations résultant de cette consultation — observations toutes prises avec soin — devient, et pour le chargé de cours et pour les élèves eux-mêmes, une mine de plus en plus riche de faits cliniques où il est possible de puiser pour les travaux et publications relatifs aux maladies mentales.

La consultation des maladies mentales, qui fournit les *semi-aliénés*, forme, avec le service d'isolement de l'Hôpital Saint-André, qui reçoit les *délirants des Hôpitaux*, et les cellules d'observation où passent les *grands aliénés*, la base clinique de l'enseignement de la psychiâtrie à Bordeaux.

Consultation des maladies des pays chauds.

Le service des consultations gratuites pour les maladies des pays chauds, dirigé par M. Le Dantec, professeur de pathologie exotique, sera édifié prochainement et établi sur de nouvelles bases. Suivant toutes probabilités, ces consultations, qui avaient lieu à Saint-Raphaël, seront transportées dans le voisinage des docks et de Bacalan pour être en plein centre maritime. Les malades intéressants seront dirigés sur l'Hôpital du Tondu et présentés comme sujets de clinique.

Consultation des maladies des yeux.
(Hôpital Saint-André).

Le service des consultations pour les malades du dehors, annexé aux cliniques ophtalmologiques des Facultés de médecine, doit être considéré comme le complément indispensable de ces cliniques. A Bordeaux, en particulier, où les lits affectés aux hospitalisés doivent être réservés presque exclusivement aux opérés, il eût été impossible d'enseigner aux élèves les maladies externes de l'œil, l'ophtalmoscopie et les anomalies de la réfraction, si le professeur n'avait pas mis à profit les ressources, heureusement fort riches, d'une consultation fréquentée chaque année par quatre mille malades, donnant lieu à plus de vingt mille examens ou pansements.

La clinique ophtalmologique de Bordeaux est d'ailleurs pourvue d'un arsenal chirurgical et d'un matériel d'enseignement suffisant à tous les besoins.

Cônsultation de la Clinique d'accouchement.

(Hospice Pellegrin).

Les femmes enceintes auxquelles ces consultations sont destinées ne peuvent, aux termes des règlements, être hospitalisées que dans les quinze derniers jours de leur grossesse. Aussi toute la physiologie et toute la pathologie de la grossesse étaient-elles perdues pour les élèves avant l'organisation des consultations. Il se présente trois cents consultantes par an, environ.

Le professeur a essayé d'étendre ce service aux femmes récemment accouchées et aux enfants nouveau-nés. Les femmes accouchées quittent la clinique huit ou dix jours après leur délivrance. Dans ces conditions, elles sont exposées à toutes les conséquences fâcheuses d'un post-partum mal réglé et il n'est pas rare de voir ces malheureuses revenir à l'hôpital pour s'y faire soigner d'accidents qui ne se seraient pas développés, si on avait pu les garder plus longtemps. Les élèves ne voient donc jamais au complet un post-partum physiologique. Pour combler cette lacune dans la mesure du possible, le professeur invite les accouchées qu'il ne peut décider à rester à la clinique le temps nécessaire à leur complet rétablissement, à venir à la consultation, où elles sont suivies et où elles reçoivent des soins qui leur permettent d'éviter, en partie, les accidents auxquels les expose un lever prématuré.

Quant aux enfants nouveau-nés, ce n'est par suite, que pendant huit ou dix jours que les élèves peuvent surveiller leur hygiène et leur alimentation. Quand les mères veulent bien les ramener à la consultation, on peut alors faire profiter les élèves de tous les incidents qui viennent parfois troubler les premières semaines du nouveau-né.

Mais pour les accouchées et les nouveau-nés, le service de la consultation n'est que très rudimentaire, et, de ce fait, de précieux éléments d'instruction sont perdus. Toutefois, le principe est établi, et l'on peut espérer que ce nouveau service donnera tous les résultats qu'on est en droit d'en attendre, lorsque l'Administration hospitalière sera en mesure de remédier à l'exiguïté des locaux et à l'insuffisance du personnel de la clinique.

Consultation pour les maladies des enfants.
(Hôpital des Enfants).

Le service des consultations externes annexé aux services des cliniques médicales et chirurgicales de l'Hôpital des Enfants constitue pour les élèves une source important·· d'instruction. Les consultations ont lieu trois fois par semaine, à 9 heures du matin. Elles sont toujours faites par les professeurs de clinique eux-mêmes, assistés de leurs chefs de clinique, et sont l'occasion de leçons véritables faites devant les élèves, élèves du service et élèves non inscrits dans le service, mais qui viennent y assister, attirés par ce moyen de compléter leur instruction clinique spéciale.

Pour la consultation de chirurgie, il y a le jeudi une consultation supplémentaire réservée aux malades déjà présentés aux séances précédentes et qui sont porteurs de lésions justiciables d'opérations de moyenne gravité. C'est à cette séance que sont exécutés des appareils nombreux, que sont enlevées les petites tumeurs, que sont pratiquées certaines opérations de redressement, que sont faites les petites opérations sur le nez, les oreilles et la bouche, enfin que sont refaits et surveillés les pansements des sujets précédemment traités. En outre, les lundi, mercredi, vendredi, après la consultation, les malades porteurs de lésions réclamant l'urgence ou une surveillance assidue, reçoivent des soins immédiats. Du reste, il n'est aucun jour de la semaine où ces soins soient refusés aux malades indigents qui les réclament.

Un laboratoire d'orthopédie, nouvellement installé, est ouvert aux docteurs et étudiants en médecine, français et étrangers, qui, après s'être fait inscrire, sont exercés, sous la direction du chef de service, au traitement des affections relevant de l'orthopédie et à la confection des appareils.

SERVICES CLINIQUES DE L'HOPITAL DU TONDU

L'enseignement clinique de la Faculté de médecine de Bordeaux a vu notablement augmenter ses ressources par l'ouverture de l'hôpital du Tondu qui a eu lieu le 16 novembre 1903, et dans lequel il a été possible d'installer un certain nombre de cliniques spéciales.

Situé à l'angle du chemin du Tondu et du chemin de Mouchoun, tout à côté de l'hospice général de Pellegrin avec lequel il communique par une allée profonde et en partie souterraine, qui passe au-dessous du chemin du Tondu, cet établissement compte un total de 120 lits : 60 lits d'homme et 60 lits de femme. C'est un des trois rares hôpitaux de France qui soient entièrement consacrés à l'enseignement. Il contient le service de la clinique des maladies de la peau et de syphiligraphie composé de 40 lits : 20 lits d'homme et 20 lits de femme ; la clinique des

maladies des voies urinaires comprenant une salle d'hommes de
28 lits et une demi-salle de femmes de 10 lits; la clinique gynécologique avec une salle et demie de femmes, soit 30 lits; la
clinique des maladies des pays chauds comprenant une demi-
salle d'hommes, 10 lits, et enfin la clinique des maladies du
larynx, des oreilles et du nez comprenant 10 lits d'hommes et
quelques lits de femmes cédés par les cliniques des voies urinaires, de gynécologie et de dermatologie.

Cet hôpital, placé en pleine campagne, un peu éloigné peut-
être du centre, se trouve dans d'excellentes conditions hygié-
giques. Les salles, placées trois par trois sur les deux côtés laté-
raux d'une grande cour centrale, donnent sur de vastes promenoirs où les malades capables de marcher peuvent se réunir
et se promener quand le temps ne leur permet pas de prendre
l'air soit dans la cour centrale, soit dans les jardins qui entou-
rent l'hôpital. Ces promenoirs aboutissent à deux grands réfec-
toires affectés l'un au service des hommes, l'autre à celui des
femmes.

Enfin sur la partie postérieure de l'hôpital, avec l'aide financière de l'Université, a été installée une excellente salle d'opérations, munie de tous les perfectionnements modernes, suffisamment vaste, très aéré et très bien éclairée. A cet amphithéâtre d'opération sont annexées une salle d'anesthésie qui
sert en même temps de vestiaire aux chirurgiens, une salle de
désinfection avec un arsenal, et enfin, une salle de conférences
où les professeurs peuvent donner aux élèves l'enseignement
clinique. Enfin, grâce à la libéralité du Conseil de l'Université,
on a pu établir dans une partie du bâtiment consacré au logement des internes de l'hôpital, un laboratoire permettant de
faire sur place les recherches d'anatomie pathologique ou de
bactériologie qui peuvent être nécessitées par l'étude des malades et des pièces anatomiques et qui donne au personnel enseignant la possibilité de perfectionner autant que possible l'enseignement clinique destiné aux élèves.

Le recrutement des malades de l'hôpital du Tondu est assuré
par le moyen des consultation gratuites que dirige chacun des
professeurs chefs de service et qui ont lieu dans le bâtiment
des consultations externes de la Faculté à l'annexe de Saint-
Raphaël.

L'organisation de ces cliniques spéciales, qui, pendant les
premières années de leur existence, ont été réduites à ces consultations gratuites, et qui sont aujourd'hui pourvues de services
hospitaliers, suffisants pour leur permettre de donner aux élèves
un enseignement complet, constitue, par leur groupement même
dans un seul hôpital, une particularité très intéressante de la
Faculté de médecine de Bordeaux.

La distribution des jours et des heures de service permet aux
élèves attachés à cet hôpital de suivre à la fois un certain nombre d'enseignements spéciaux, au cours de leur 4e année d'études, dont le stage est spécialement affecté aux cliniques spéciales.

M. le professeur-adjoint Moure, chargé de la clinique des
maladies du larynx, du nez et des oreilles, pratique le lundi

matin à l'Hôpital du Tondu les opérations nécessitant le chloroforme et l'hospitalisation des malades.

M. le professeur-adjoint Pousson, chargé de l'enseignement des maladies des voies urinaires, y fait son service tous les matins à 9 heures. Les lundis et mercredis sont consacrés à la visite des malades, le mardi et le samedi aux opérations, le jeudi à la cystoscopie. Tous les vendredis à 10 heures leçon clinique.

M. le professeur Chavannaz, titulaire de la clinique gynécologique, vient tous les matins à l'Hôpital à 8 heures et demie. Les lundi, jeudi et samedi sont plus particulièrement affectés à la visite détaillée des malades et aux pansements. Les opérations ont lieu les mercredis et vendredis. Une leçon clinique est faite tous les mardis à 10 heures.

M. le professeur-adjoint Dubreuilh, qui dirige l'enseignement des maladies de la peau, vient à l'Hôpital du Tondu trois fois par semaine, les mardis, jeudis et samedis. Les opérations ont lieu le jeudi, et le samedi est consacré à des leçons cliniques au lit du malade.

Enfin M. le professeur Le Dantec, titulaire de la clinique des maladies des pays chauds, dirige sur son service de l'Hôpital du Tondu, les malades atteints d'affections exotiques qui lui semblent assez malades ou assez intéressants pour être hospitalisés, et les présente aux élèves comme sujets de leçon clinique, quand ils sont susceptibles de présenter des particularités suffisamment instructives.

Ajoutons, en terminant, que l'Hôpital du Tondu est le siège de l'Ecole des infirmières laïques, et que c'est à son personnel et à ses élèves que sont entièrement confiés la direction et le service de cet Hôpital.

ENSEIGNEMENT DE MÉDECINE COLONIALE

Le 17 mai 1901, après lecture d'un rapport de sa Commission de l'Enseignement, le Conseil de la Faculté de Médecine de Bordeaux, reconnaissant la nécessité d'inaugurer en France un enseignement complémentaire de perfectionnement, analogue à ceux déjà institués en Angleterre et en Allemagne et destinés aux médecins appelés à exercer dans les pays chauds, dans les colonies, à bord des paquebots, etc., proposa de faire créer par l'Université de Bordeaux un diplôme spécial de médecin colonial et présenta en même temps un programme détaillé de l'Enseignement et des examens exigés pour l'obtention de ce diplôme.

Cette proposition, appuyée par le Conseil de l'Université (*délibération du 21 mai 1901*), fut sanctionnée par l'arrêté ministériel du 12 juillet suivant, instituant un diplôme de médecin colonial de l'Université de Bordeaux.

Cet enseignement a obtenu un réel succès.

Depuis sa fondation, il a été délivré 127 diplômes de médecine coloniale de l'Université de Bordeaux.

La scolarité a lieu du 15 novembre à fin janvier ; elle comporte chaque jour une clinique, une séance d'exercices de laboratoire et une leçon théorique.

Sont admis à s'inscrire les docteurs en médecine français ou étrangers et les étudiants en médecine à 16 inscriptions.

Le secrétariat tient à la disposition des candidats une brochure contenant tous les renseignements utiles et le programme détaillé des études.

Voir articles : *Diplômes de l'Université, Musées*, du présent livret).

ENSEIGNEMENT DES ÉLÈVES SAGES-FEMMES

Semestre d'hiver.

1re ANNÉE

Anatomie élémentaire. — M. SELLIER, chargé d'un cours.

Jeudi, samedi, à 10 h.

Physiologie élémentaire. — M. SELLIER, chargé d'un cours.

Mardi, à 10 h.

2e ANNÉE

Cours théoriques d'accouchements (1re partie). — M. ANDÉRODIAS, agrégé.

Lundi, vendredi, à 10 h.

Semestre d'été.

1re ANNÉE

Physiologie élémentaire. — M. SELLIER, chargé d'un cours.

Mardi, à 10 h.

Pathologie élémentaire. — M. PÉRY, agrégé.

Jeudi, samedi, à 10 h.

2e ANNÉE

Cours théorique d'accouchements (2e partie). — M. ANDÉRODIAS, agrégé.

Lundi, vendredi, à 10 h.

ENSEIGNEMENT PHARMACEUTIQUE

Pharmacie.

Professeur : M. Dupouy.

Cours normal. — (Trois fois par semaine, en hiver).

Agrégé : M. Labat.

Conférence. — (Trois fois par semaine, en été).
Travaux pratiques : Laboratoire de pharmacie. — Trois fois par semaine, en hiver).

Préparateur : M. Le Her.
Préparateur adjoint : M. Ballot.

LABORATOIRE DE PHARMACIE

Les locaux dépendant de la chaire de pharmacie comprennent plusieurs pièces contiguës situées au rez-de-chaussée, au-dessous de la clinique d'accouchements de l'Hôpital Saint-André.

Dans le cabinet de travail du professeur ont été placés les appareils un peu fragiles, les balances de précision, et dans les armoires vitrées quelques instruments de prix qui doivent être protégés.

A la suite est le laboratoire de préparation du cours communiquant avec une autre pièce plus spacieuse et donnant de plain-pied sur une cour dans laquelle se trouvent installés sous un hangar les fourneaux et des appareils servant aux manipulations qui donnent lieu à des émanations trop incommodes ou dangereuses.

La pièce contiguë au laboratoire de préparation du cours, destinée surtout aux travaux de recherches, possède une chambre noire, des armoires et des étagères pour y déposer des réactifs et des instruments délicats d'un usage courant : on y a mis, à demeure ou non, des trompes à eau et à mercure, des étuves à régulateur pour la dessiccation et pour les études bactériologiques, les cuves pour la manipulation des gaz, des grilles à combustion et l'outillage nécessaire pour les analyses organiques.

Le laboratoire dit des synthèses, enclavé dans les bâtiments de l'Hôpital Saint-André, est suffisamment outillé et possède un dépôt des matières premières du 3ᵉ examen de pharmacie ; toutefois, l'espace est beaucoup trop restreint à cause du grand nombre de candidats aux examens.

L'installation première du laboraroire de pharmacie, comme celle des laboratoires de Saint-Raphaël, date de 1879 et ne devait être que provisoire. Très insuffisante, elle présentait en outre de nombreuses défectuosités auxquelles on a pu à la longue remédier en partie, surtout par l'adjonction de la pièce. assez spacieuse affectée aux travaux de recherches, qui lui a été cédée lors du transfert des services de médecine de Saint-Julien, et qui a été récemment aménagée pour l'installation des travaux pratiques de pharmacie.

Matière médicale.

Professeur : M. BEILLE.

Cours normal. — (Trois fois par semaine, en hiver).

Préparateurs : MM. N. et N.

LABORATOIRE ET MUSÉE DE MATIÈRE MÉDIACLE

Le service de matière médicale est situé au-dessus du service d'histoire naturelle, dans les locaux annexes de Saint-Raphaël.

Ce service comprend quatre pièces et un musée de matière médicale savoir :

1º Une pièce servant de cabinet pour le professeur et comprenant tout l'outillage scientifique nécessaire pour des recherches microscopiques végétales ou animales.

2º Une pièce consacrée aux analyses chimiques, au titrage des produits végétaux et à l'essai des médicaments. Ce laboratoire renferme, en outre, les appareils physiologiques indispensables pour pratiquer un examen du sang, pour prendre un tracé du cœur, une secousse musculaire, etc.

3º Une pièce pouvant être transformée en chambre noire pour la polarimétrie, la spectroscopie et la photographie microscopique. Les clichés photographiques sont obtenus au moyen de l'éclairage électrique installé dans le service.

4º Une pièce contenant des dessins, des produits pharmaceutiques et le matériel nécessaire à l'entretien du service.

5º Le musée de matière médicale renfermant une fort belle collection de médicaments (près de 2.000). Les drogues tirées du règne végétal sont classées d'après l'ordre des familles étudiées en botanique. Une deuxième classification, basée sur l'action physiologique et l'indication thérapeutique, comprend les principaux médicaments utilisés en médecine.

Les élèves en médecine et en pharmacie peuvent s'exercer à la reconnaissance des médicaments sous la direction du professeur. Les bocaux affectés à cette reconnaissance sont disposés en rangées doubles, superposées, les uns pourvus d'étiquettes explicatives, les autres ne présentant aucune indication. Les médicaments contenus dans ces bocaux sont à l'entière disposition des étudiants.

Le musée de matière médicale est ouvert tous les jours non fériés, de deux heures à quatre heures, pour les étudiants en médecine et en pharmacie, et les lundis, mercredis et vendredis de neuf heures à onze heures du matin, pour les aspirants au titre d'herboriste.

Le service de matière médicale possède une bibliothèque composée surtout de livres de chimie, de physique, de matière médicale et de pharmacie provenant en grande partie d'une donation faite par l'ancien professeur de matière médicale, M. Perrens.

Physique pharmaceutique.

Professeur : M. SIGALAS.

Cours normal. — (Trois fois par semaine, en hiver).
Travaux pratiques. — (Trois fois par semaine, en hiver).

Préparateur : M. BASSET.

LABORATOIRE DE PHYSIQUE PHARMACEUTIQUE

Le laboratoire de physique pharmaceutique, situé au premier étage des bâtiments annexes de Saint-Rephaël, au-dessus du vestibule d'entrée, est composé de quatre pièces principales, ayant une affectation bien déterminée :

1º Le *laboratoire du Professeur*, où sont conservés les instruments de précision et de recherches;

2º Une *salle de préparation du cours*, dans laquelle aussi les élèves inscrits au laboratoire pourront effectuer des recherches expérimentales en vue de la préparation de leurs thèses;

3º Une grande pièce réservée aux *travaux pratiques* des étudiants en pharmacie, travaux pratiques placés sous la direction immédiate du Professeur par arrêté ministériel du 26 juin 1901. Dans cette salle sont installés à demeure, sur une série de tables spéciales, les instruments et l'outillage nécessaires pour les déterminations thermométriques, la cryoscopie, la prise des points de fusion et d'ébullition, le maniement et le réglage des étuves et des appareils physiques de stérilisation, la densimétrie, l'alcoométrie, les mesures microscopiques et focométriques, la calorimétrie, etc., pour l'analyse électrolytique, la vérification des appareils électro-médicaux, etc.;

4º Enfin, pour compléter cet ensemble de manipulations portant sur les applications de la physique à la pharmacie, une quatrième pièce, contiguë à la précédente, a été divisée en *chambres noires* séparées, servant respectivement à l'analyse spectrale, à la réfractométrie, à la polarimétrie, à la microphotographie, à la radiographie.

Chimie.

Professeur : M. BLAREZ.

Cours. — (Trois fois par semaine, en été).

Agrégé : M. BENECH.

Conférence. — (Trois fois par semaine, en hiver).

Chef des travaux : M. BARTHE.

Travaux pratiques. — (Quatre fois par semaine).

Chef de laboratoire : M. TOURROU.

Travaux pratiques. — (Trois fois par sémaine, en été).

LABORATOIRES DE CHIMIE

L'enseignement théorique est donné au complet pendant les trois années de scolarité des étudiants en pharmacie. Dans le cours magistral, le professeur étudie la chimie organique dans ses applications à la pharmacie et à la médecine, puis ce qui a trait aux substances alimentaires et plus particulièrement ce qui concerne ieur analyse. Le chargé de cours enseigne les faits généraux de la chimie minérale, principalement les applications à l'analyse chimique et à la pharmacie, et les notions élémentaires et indispensables de la chimie organique pour faciliter aux élèves de première année la compréhension du cours magistral.

Pour organiser le service des *analyses spéciales*, M. Blarez a dû remanier complètement l'installation du laboratoire et utiliser, tout en conservant une partie du laboratoire des travaux pratiques de chimie médicale passée à la chimie biologique, plusieurs petites pièces de l'ancien laboratoire de physiologie. Il a pu ainsi arriver à donner une extension suffisante au nouveau service d'analyses, qui est appelé à recevoir un développement plus important dans les nouvelles constructions à édifier sur des terrains attenant au corps principal de la Faculté de médecine.

Les travaux d'analyses spéciales ont lieu trois fois par semaine ans le semestre d'été et comprennent :

1º Des analyses qualitatives de mélanges salins divers, de minerais, de produits chimiques commerciaux et industriels;

2º Des analyses de produits pharmaceutiques simples ou complexes : potions, pilules, pommades, sirops, etc., etc.;

3º Des analyses quantitatives d'urines, de vins, d'eaux et de lait;

4º Des analyses qualitatives et quantitatives de produits divers : matières sucrées, spiritueux, alcools, eaux-de-vie, rhums, liqueurs, huiles, axonges, cires, corps gras en général, savons, glycérines, bronzes, alliages divers, houilles et combustibles divers, pétroles, essences, peintures, etc.

Le laboratoire des *travaux pratiques de chimie et de pharmacie* de la Faculté de médecine et de pharmacie de Bordeaux se trouve, depuis la création de cette Faculté, dans les locaux provisoires. Cependant, grâce à un aménagement bien compris des deux grandes pièces dont se compose ce laboratoire, les étudiants en pharmacie de 1re et de 2e année y peuvent exécuter à tour de rôle des manipulations de chimie, de pharmacie et de toxicologie. Ces dernières se font dans une cour cimentée à l'abri d'un auvent et sur une paillasse également cimentée; chaque élève est tenu de pratiquer deux méthodes de destruction des matières organiques et de retrouver quatre toxiques minéraux. Des appareils à production continue de gaz hydrogène sulfuré lavé sont installés en plein air; la sortie du gaz est réglée automatiquement selon les besoins et tout danger d'asphyxie est ainsi écarté. Les étudiants, tout en faisant des recherches de chimie analytique qualitative, préparent les principaux produits chimiques et pharmaceutiques, ceux principalement que le pharmacien ne doit pas demander à la droguerie pour être assuré de leur parfait état de pureté. En outre, pendant la 2e année, les élèves sont exercés aux analyses les plus usuelles, relatives aux composés généraux et organiques, notamment aux dosages des principaux éléments constitutifs des liquides de l'organisme, des substances alimentaires et des boissons ; aux essais de médicaments et de substances commerciales.

Enfin, on montre et on fait fonctionner devant les étudiants les appareils à distillation au moyen de la vapeur d'eau, les appareils à distillation et à évaporation dans le vide relatif, et, autant que possible, tous les instruments de l'outillage dont aura à se servir plus tard le futur chimiste, de façon à éveiller sa curiosité et son originalité.

Histoire naturelle.

Professeur : M. GUILLAUD.

Cours. — (Trois fois par semaine, en été).

M. MANDOUL, agrégé.

Conférences de zoologie pharmaceutique. — (Trois fois par semaine, en hiver).

Chef des travaux : M. LASSERRE.

Travaux pratiques. — (Deux fois par semaine).

Préparateurs : MM. ABEL et MERLET.
Préparateur-adjoint : M. MAZURIÉ.

LABORATOIRES D'HISTOIRE NATURELLE

Les laboratoires d'histoire naturelle médicale, où peuvent être admis, en dehors des élèves en cours d'études, les étudiants et autres personnes ayant des recherches personnelles à faire, sont au nombre de deux.

L'un se trouve dans la cour de l'ancienne caserne de Saint-Raphaël, au premier étage du bâtiment principal. Il comprend une très vaste pièce, de 20 mètres de long sur 8 mètres de large dans laquelle sont placées, devant chaque fenêtre, une vingtaine de tables de travail à doubles places; chaque table est pourvue de ses microscopes, réactifs et autres instruments de micrographie, mis à l'usage des étudiants. A chaque extrémité se trouvent de grandes vitrines renfermant les collections nécessaires aux cours, des échantillons des parasites de l'homme et des animaux.

Au centre est installé un grand rectangle vitré et couvert de toutes parts qui sert momentanément de laboratoire spécial de bactériologie. Tout le matériel nécessaire à ces travaux, étuves, autoclaves, fours Pasteur, etc., est groupé dans cette partie du laboratoire où les élèves manipulent par séries successives pour acquérir la pratique des ensemencements, des cultures et des analyses microbiologiques.

C'est dans ce premier local que les étudiants en médecine et en pharmacie sont appelés à s'exercer aux travaux pratiques d'histoire naturelle qui ont lieu trois fois par semaine pendant toute l'année et qui se rapportent surtout, pour la Faculté de médecine de Bordeaux, à la micrographie végétale et à la bactériologie.

A l'extrémité de ce laboratoire, le professeur-directeur a, pour son usage personnel, un laboratoire spécial de 5 mètres de long sur 4 mètres de large. Le chef des travaux en a un pareil à sa disposition tout à côté. Là se trouvent la bibliothèque botanique et zoologique spéciale au laboratoire et un certain nombre de collections d'enseignement.

Le second laboratoire, spécialement destiné aux travaux pratiques et aux recherches de botanique officinale, se trouve à Talence, dans le Jardin botanique lui-même. Il se compose d'une belle salle quadrangulaire de 10 mètres sur 10, avec de vastes baies et munie de grandes tables; les étudiants y sont exercés, l'été, à l'étude et à la reconnaissance des plantes médicinales.

JARDIN ET INSTITUT BOTANIQUES

(Fondation Godard).

Par testament en date du 28 septembre 1880, M. Camille Godard, négociant à Bordeaux, a légué à la Faculté de médecine une somme de 100.000 francs pour « *créer un jardin botanique* ». La ville de Bordeaux, légataire universelle de

M. Godard, a ajouté à cette somme une subvention de 50.000 francs prélevée en 1889 sur les fonds de la succession.

C'est avec ces ressources que la Faculté a acheté à Talence, près Bordeaux, un terrain de 24.400 mètres carrés bordé par le ruisseau Le Serpent, par la route nationale de Bordeaux à Bayonne et par la place de la Mairie, et qu'elle y a créé un établissement qui lui appartient en toute propriété.

Le jardin et l'institut botanique de la Faculté sont de droit dirigés par le titulaire de la chaire d'histoire naturelle.

Ouvert aux étudiants depuis le printemps de 1892, le jardin est divisé en deux parties séparées par une vaste pièce d'eau, rectangulaire, ayant une île au centre. Une partie renferme les cultures divisées en massifs divers correspondant aux embranchements et aux familles du règne végétal. Le nombre des plantes cultivées, utilisées ou susceptibles de l'être en médecine, est de 2.500 environ. L'autre partie comprend les bâtiments qui sont : le pavillon du concierge avec bureau pour le chef de culture, deux serres chaudes, une vaste orangerie surmontée d'un étage pour collections, herbiers et grainerie, enfin le laboratoire mentionné plus haut.

Le personnel préposé à l'entretien du jardin se compose d'un chef de culture, d'un jardinier ordinaire et de jardiniers auxiliaires.

Les étudiants sont admis au jardin tous les jours, dimanches et jours de fêtes compris, de 7 heures à midi et de 2 heures à 6 heures. Les échantillons de plantes nécessaires à l'étude sont abondamment délivrés.

Ce jardin est également ouvert au public.

ENSEIGNEMENT DENTAIRE

La Faculté, qui avait déjà installé à l'hôpital Saint-André pour ses étudiants en médecine une clinique dentaire ouverte tous les jours de neuf heures à onze heures (Drs DELGUEL et N..., démonstrateurs de clinique), a été autorisée, par arrêté ministériel du 11 mars 1907, à créer un enseignement complet destiné aux candidats au diplôme de chirurgien dentiste.

Cette création, à l'étude depuis 1901, a pu être réalisée grâce au concours de la Ville, qui a bien voulu contribuer aux frais de construction des locaux provisoires, et de l'Université, qui a pris à sa charge une partie des dépenses de matériel et des frais d'installation.

Le nombre des étudiants inscrits en 1908-1909 s'est élevé à 130.

Les locaux de la clinique dentaire forment un petit institut indépendant des autres services de Saint-Raphaël. Les nombreux malades qui fréquentent la clinique ont une entrée spéciale rue Henri-IV.

Enseignement clinique et pratique.

Tous les jours de neuf heures à onze heures et demie.
M. CAVALIÉ, agrégé, chargé de cours (*Fondation de l'Université*). — MM. HOUPERT, LASNIER, CASANOVA, démonstrateurs de clinique; N... et N..., démonstrateurs adjoints.

Travaux pratiques de dentisterie opératoire, exercices et manipulations de prothèse.

Tous les jours de deux heures et demie à cinq heures.
MM. DOUAT, démonstrateur de prothèse; BOUCHET, SCHNEIDER et MARTZLOFF, démonstrateurs adjoints.

Enseignement théorique.

Histologie et pathologie des dents, M. CAVALIÉ, jeudi, six heures. — Anatomie et physiologie élémentaires, M. SELLIER, chargé de cours, lundi et mercredi, six heures. — Anatomie et physiologie spéciales de la bouche, M. LAFITE-DUPONT, chef de travaux, mardi et vendredi, six heures. — Pathologie et thérapeutique élémentaires, médicaments, anesthésie, M. DUMORA, chef de clinique, mercredi, samedi, cinq heures. — Pathologie spéciale de la bouche, M. BRINDEL, aide de clinique, lundi, jeudi, cinq heures. — Leçons de physique et de chimie appliquées à l'art dentaire, M. BASSET, préparateur, mardi et vendredi, cinq heures.

Un diplôme de chirurgien-dentiste de l'Université de Bordeaux a été institué pour les étudiants étrangers admis à faire leurs études à la Faculté. Ces études sont les mêmes que pour les élèves nationaux.

ÉCOLE DE SANTÉ NAVALE

Institution de l'Éco'e. — L'Ecole principale du service de santé de la Marine, in. tituée près la Faculté de médecine de Bordeaux, a pour objet ·

1° D'assurer le recrutement des médecins et pharmaciens de la Marine et des médecins et pharmaciens des troupes coloniales.

2° De seconder les études universitaires des élèves du Service de santé.

3° De donner à ses élèves l'éducation maritime jusqu'à leur nomination de médecins ou de pharmaciens de 3ᵉ classe de la Marine.

Modes et conditions d'admission des élèves. — Les élèves de l'Ecole principale du service de santé de la Marine se recrutent par voie de concours, parmi les étudiants des écoles-annexes de médecine navale établies dans les ports de Brest, Rochefort et Toulon. Les étudiants en médecine doivent avoir accompli une année d'études dans l'une de ces écoles et, sur leurs trois années de stage, les étudiants en pharmacie sont tenus d'y faire au moins la dernière année.

L'admission dans les écoles-annexes est prononcée par le Ministre de la Marine; il n'y a pas de concours.

Régime intérieur. — L'Ecole principale du service de santé de la Marine est soumise au régime militaire.

Les élèves y font trois années d'études et suivent pendant ce temps les cours et exercices de la Faculté de médecine dans les mêmes conditions que les étudiants civils.

Nomination des médecins et pharmaciens de 3ᵉ classe. — Lorsque les élèves sont pourvus du diplôme de docteur en médecine ou de pharmacien universitaire de 1ʳᵉ classe, ils sont nommés, sur la proposition du directeur de l'Ecole, à l'emploi de médecin ou de pharmacien de 3ᵉ classe.

Ces jeunes gens sont ensuite répartis entre le Ministère de la Marine et le Ministère de la Guerre, suivant les besoins de chaque service.

FACULTÉ DES SCIENCES

Les services de la Faculté des Sciences sont installés dan
l'Hôtel des Facultés des Sciences et des Lettres, cours Pasteur
sauf ceux de zoologie, qui sont logés dans un Institut spécia
(Institut de zoologie), situé cours Barbey.

Le Secrétariat est installé dans l'Hôtel des Facultés, cour
Pasteur. Il est ouvert de neuf heures à onze heures du mati
et de deux heures à quatre heures du soir.

COURS ET CONFÉRENCES. — LABORATOIRES.

SCIENCES MATHÉMATIQUES

Calcul infinitésimal.

Professeur : M. Cousin.

L'enseignement du Calcul infinitésimal comporte pendan
toute l'année scolaire chaque semaine quatre cours ou confé
rences. L'ensemble des éléments du calcul différentiel et inté
gral est exposé dans ces leçons. Chaque année, une des partie
du programme reçoit un développement plus étendu que le
autres : tour à tour les équations différentielles, les fonction
elliptiques, la géométrie infinitésimale, etc., sont l'objet d'un
étude plus approfondie.

Les cours sont organisés de façon qu'un étudiant sortant de
classes de mathématiques spéciales peut préparer complètemen
en un an le certificat de Calcul différentiel et intégral.

Les questions du programme d'agrégation sont traitées dan
des conférences spéciales.

Mécanique.

Professeur : M. Delassus.

L'enseignement de la Mécanique comprend un cours magistral et des conférences.

A. *Cours magistral.* — Ce cours, public, est développé par le professeur qui y consacre deux séances par semaine pendant toute l'année. Il comprend deux parties de caractères très différents.

La première (semestre d'hiver) est consacrée à l'exposition des théories fondamentales de la mécanique rationnelle envisagées sous leur aspect le plus général. Elle a pour but de conduire l'étudiant au seuil des diverses applications et de lui mettre en main les instruments indispensables pour pouvoir aborder l'étude d'un Mémoire quelconque de mécanique ou entreprendre une recherche personnelle.

La seconde partie (semestre d'été) est consacrée à l'étude approfondie d'une question spéciale où les auditeurs voient mises en œuvre les théories qui leur ont été exposées dans la première partie, et pousser aussi loin que possible leur application à un problème particulier (deux heures par semaine).

B. *Conférences.* — Ces conférences, qui, en principe, sont réservées aux seuls étudiants inscrits, sont consacrées à l'étude de quelques compléments du cours, et plus particulièrement, à des interrogations et à des exercices oraux ou écrits.

Mathématiques générales.

Professeur : M. Esclangon.

Ce cours est destiné aux étudiants qui arrivent à la Faculté des Sciences avec des connaissances mathématiques insuffisantes pour pouvoir suivre immédiatement les cours de Calcul infinitésimal, de Physique expérimentale.

L'enseignement comporte trois cours et une conférence par semaine.

Astronomie.

Professeur : M. Picart.

Le cours d'Astronomie est complet en deux ans. A la fois théorique et pratique, il donne à ses auditeurs des connaissances astronomiques au moins égales à celles que l'on trouve dans les ouvrages classiques de Brunnow, de Challis, de Chauvenet, de Gauss, de Valson ou de Th. Oppolzer. Les leçons du professeur (deux par semaine) sont donc une introduction nécessaire aux hautes spéculations de la mécanique céleste représentée par les traités de La Place, de Tisserand et de Poincaré.

Préparation à l'agrégation de mathématiques, au certificat d'analyse supérieure et au diplôme d'études supérieures de mathématiques.

Deux heures par semaine sont consacrées aux candidats à l'agrégation de 1re et de 2e année.

Les étudiants de 1re année sont préparés au diplôme d'études supérieures ou au certificat d'analyse supérieure.

Ceux de 2e année sont préparés aux épreuves spéciales de l'agrégation (problèmes et leçons).

SCIENCES PHYSYQUES

Physique théorique.

Professeur : M. DUHEM.
Préparateur : M. MANVILLE, docteur ès-sciences.

L'enseignement de la Physique théorique (deux heures par semaine) se compose de deux séries de leçons entièrement distinctes. Les leçons de la première série ont pour objet la préparation aux examens de licence (*Certificat de Physique générale* et *Certificat de Physique et de Minéralogie*). Les leçons de la seconde série ne sont assujetties à aucun programme d'examen.

Les leçons de la première série se combinent avec celles de M. Marchis, de telle sorte qu'en deux ans l'enseignement embrasse le programme entier de la Physique. Comme cet enseignement se reproduit périodiquement tous les deux ans, il suffit d'en indiquer le programme pour deux années scolaires consécutives ; le voici :

Année 1908-1909 : Optique des milieux isotropiques.
Electricité et Magnétisme.
Année 1909-1910 : Optique des milieux cristallisés.

Les leçons de la seconde série sont, sans doute, celles qui auraient le plus de chances de tenter quelque étudiant étranger. Chaque année, elles portent sur un sujet différent. Ce sujet est choisi parmi les questions de Physique théorique qui sont à l'ordre du jour et, autant que possible, parmi celles qui ont fait l'objet des travaux du professeur. Ces questions sont étudiées d'une manière détaillée et approfondie.

Voici les titres des cours de ce genre professés depuis quelques années :

Année 1897-1898 : Les modifications permanentes et l'hystérésis.

Année 1898-1899 : La Thermodynamique générale.

Années 1899-1900 : Les théories de Maxwell et les expériences de Hertz.

Année 1900-1901 : Les principes de l'Hydrodynamique; les fluides visqueux.

Année 1901-1902 : De l'Elasticité et, particulièrement, des déformations finies.

Année 1902-1903 : La Stabilité et les petits mouvements.

Année 1903-1904 : La théorie physique; son objet et sa structure.

Année 1904-1905 : Les fondements de l'Energétique. Le principe de la conservation de l'énergie.

Année 1905-1906 : Les fondements de l'Energétique (*suite*). Le principe de Carnot.

Année 1906-1907 : Les principes de l'Energétique générale. La dynamique générale.

Année 1907-1908 : Les principes de l'Energétique générale; les milieux continus.

Année 1908-1909 : Les principes de l'Energétique générale : Conductibilité de la chaleur, stabilité.

Année 1909-1910 : Histoire des théories physiques et en particulier de la formation du système de Copernic.

Durant les années scolaires 1898-1899 et 1899-1900, ces leçons ont retenu à la Faculté M. Paul Saurel, *Instructor of pure mathematics in the College of the City of New-York.* Le 28 juin 1900, M. Paul Saurel a soutenu, *Sur l'équilibre des systèmes chimiques,* une fort belle thèse pour le doctorat d'Université; cette thèse avait trait aux questions que M. Saurel avait entendu traiter dans les leçons de M. Duhem ; depuis, il a continué à donner d'importants travaux ayant trait aux mêmes questions.

Physique générale.

Professeur : M. MARCHIS.
Préparateur : M. MANVILLE, docteur ès-sciences.

En dehors d'un cours de Physique destiné aux candidats à la licence (quatre leçons par semaine). M. Marchis est chargé du cours de Physique industrielle fondé par l'Université de Bordeaux en 1899. La première série de leçons a eu lieu pendant l'année scolaire 1899-1900.

Les sujets qui ont été traités depuis cette époque ont été les suivants :

1899-1900. — Moteurs à gaz.
1900-1901. — Machines à vapeur.
1901-1902. — Machines à courant continu.
1902-1903. — Moteurs d'automobiles.
1903-1904. — Navigation aérienne.
1904-1905. — Froid industriel.
1905-1906. — Utilisation industrielle des gaz pauvres.
1906-1907. — Applications des moteurs à explosion aux poids lourds et à la propulsion des navires.
1907-1908. — Turbines à vapeur.
1908-1909. — Dirigeabilité des ballons et aviation.

Comme le montre la variété des sujets traités, le professeur ne s'astreint à suivre aucun programme. Il ne s'inspire que des nécessités du moment et des questions à l'ordre du jour qu'il s'efforce de traiter le plus complètement possible, afin de mettre les ingénieurs qui suivent ses cours au courant des découvertes les plus récentes. Il évite ainsi à ces ingénieurs des recherches bibliographiques et des lectures que leurs occupations journalières ne leur permettent pas de faire.

Physique expérimentale.

Professeur : M. Gossart.
Préparateur et Sous-Directeur du Laboratoire d'Electricité industrielle : M. Chevallier, docteur ès-sciences.

Ce cours a pour sanction le cert'ficat de physique expérimentale.

Dans un cycle de deux ans, par deux leçons et une séance de travaux pratiques qui doit durer quatre heures au moins, on développe l'initiation à la Physique expérimentale, en cherchant à stimuler l'habileté pratique, et surtout le goût des mémoires originaux et des discussions sur la précision des mesures et la sensibilité des appareils.

Aussi l'installation des travaux pratiques reste l'après-midi à la disposition quotidienne des étudiants âgés dont il faut respecter les occupations professionnelles.

Mais les étudiants doivent être bien convaincus que malgré ce titre de Physique expérimentale, la cause qui limite la pénétration de cet enseignement et par conséquent leurs succès aux examens c'est toujours une éducation mathématique insuffisante.

Ils feront bien de ne s'inscrire à ce cours qu'après avoir conquis au moins le nouveau certificat de mathématiques générales.

Nota. — Depuis 1891, le professeur de Physique expérimentale est chargé d'un cours public d'Electricité industrielle, créé par la Société des amis de l'Université et honoré d'une subvention de la ville.

Les étudiants de Physique expérimentale sont vivement invités à suivre ce cours consacré chaque année à l'exposé des progrès récents de l'Electricité dans quelqu'une de ses principales applications.

Physique (P. C. N.).

Maître de conférences : M. Caubet.
Préparateur : M. Morisot.

L'enseignement de la Physique au certificat P. C. N. est conforme à l'arrêté du 20 février 1907. Il comprend, au début, le rappel des notions mathématiques indispensables à l'intelligence du cours. On évite, dans la suite, de surcharger la mémoire par des descriptions fastidieuses et inutiles, et par la multiplicité des faits. Les faits essentiels seuls, et les principes qui permettent leur interprétation, sont exposés avec quelque détail.

Le matériel est très suffisant. Les appareils, tous en bon état, sortent des ateliers des meilleurs constructeurs français. Ils permettent des mesures précises et donnent aux étudiants l'idée de l'approximation qu'on peut atteindre. C'est par là, surtout, que s'éveille et se développe, chez eux, le sens critique, principal bienfait d'une année de P. C. N.

Minéralogie.

Maître de conférences : M. GOGUEL.

Enseignement. — Le programme du cours comprend trois leçons par semaine :

1º Cristallographie géométrique. — Cristallographie physique.

2º Minéralogie appliquée. — Etude des minéraux industriels, leurs caractères minéralogiques, leurs gisements, leur valeur commerciale.

3º Minéraux constitutifs des roches. — Application du microscope à l'étude de la classification des roches éruptives.

Laboratoire. — Le laboratoire est situé au deuxième étage au-dessus de l'entresol dans le bâtiment du cours Victor-Hugo et comprend quatre pièces formant un local bien restreint encore, mais dont on a cherché à tirer le meilleur parti possible en l'utilisant de la façon suivante :

1º Cabinet du maître de conférences, comprenant des installations fixes pour une bonne balance d'analyse et un excellent Goniomètre système Mallard spécialement construit pour le laboratoire par la maison Pellin. Le mobilier scientifique de cette salle est complété par un grand microscope minéralogique du plus récent modèle de Nachet et un réfractomètre ayant appartenu personnellement à Descloizeaux.

2º Salle des élèves où se font les conférences théoriques ou pratiques de minéralogie. Cette salle contient, dans un grand meuble à quatre corps, la collection générale de minéralogie et une collection spécialement formée pour être mise à la disposition continuelle des élèves. Il contient également des collections relatives à la cristallographie et une collection en voie de formation de minéraux artificiels. Dans un meuble spécial sont placés les microscopes, goniomètres et autres appareils à la disposition des élèves, ainsi qu'une collection de préparations de cristaux et de roches.

3º Salle de chimie installée spécialement en vue de l'analyse des minéraux.

4º Salle contenant un grand meuble à deux corps où sont installées :

a) Une collection de roches; *b)* Une collection minéralogique de la région du Sud-Ouest et des Pyrénées; *c)* Enfin une collection minéralogique industrielle encore modeste et pour le développement de laquelle il est fait appel à tous ceux qui, dans la région, possèdent ou dirigent des exploitations minéralogiques. On trouve également dans cette salle un outillage suffisant pour la préparation des sections et plaques minces de minéraux ou de roches.

Le laboratoire possède bon nombre de doubles qui sont volontiers offerts aux écoles primaires qui en font la demande.

Chimie.

Professeur : M. GAYON.
Chef des travaux, maitre de conférences adjoint : M. RICHARD, docteur ès-sciences.

Enseignement. — Le cours (deux leçons par semaine) porte sur la Chimie organique.

Laboratoires. — Indépendamment des laboratoires du professeur et du chef des travaux, le service de la Chimie organique comprend, en outre, des laboratoires de recherches ouverts aux personnes désireuses d'entreprendre des travaux personnels de chimie pure ou de chimie appliquée. Les savants y trouvent à leur disposition une collection complète de produits chimiques, de nombreux instruments de physique, le courant électrique, un outillage spécial de microbiologie, de vastes étuves à températures constantes, une presse de Büchner, etc., en un mot, tout le matériel dont ils peuvent avoir besoin, spécialement pour des études de chimie physiologique et de chimie agricole.

V. plus loin : *Ecole de chimie* et *Station agronomique.*

Chimie minérale.

Professeur : M. VÈZES.
Préparateur : M. LABATUT.

Le service de la Chimie minérale comprend, outre le laboratoire personnel du professeur et un laboratoire de recherches, une salle de préparation des cours et quelques salles consacrées à des usages spéciaux (balances, électrochimie, photochimie, thermochimie, etc.).

Les collections d'appareils et de produits chimiques que contient le laboratoire de chimie minérale ont été constituées en vue de permettre des recherches de longue haleine, relatives, soit à la chimie pure, soit à la chimie appliquée, soit à la chimie physique. En ce qui concerne notamment cette dernière branche de la science, jusqu'à présent trop négligée en France, le laboratoire possède les principaux appareils relatifs à la calorimétrie chimique (calorimètres Berthelot, bombe Mahler, calorimètre de Bunsen, thermomètres spéciaux), à la cryoscopie et à l'ébullioscopie (appareils Raoult, Giran), à l'emploi et à la mesure des températures élevées (fours électriques, fours à gaz, étuves à vapeur de soufre et à vapeur de mercure, pyromètre Le Chatelier), des températures moyennes (thermostats divers, appareils à chauffage électrique, pyromètre Siemens) et des basses températures (cryogène Cailletet, vases de Dewar, thermomètres-à toluène), à la mesure des résistances électrolytiques (méthode Bouty, méthode Kohlrausch), à l'électrochimie et à l'analyse électrolytique (électrolyseurs, génératrice à basse tension, commutatrice, transformateur à haute tension, batterie d'accumulateurs, appareils de mesures électriques), à la photochimie et à l'analyse spectrale (spectrophotomètre différentiel, spectrocolorimètre, spectroscope, lampe à vapeur de mercure, etc.).

La collection de produits chimiques comporte, outre les principaux dérivés des métalloïdes et métaux usuels et les composés les plus importants de la chimie organique, une série d'échantillons relatifs aux métaux rares et particulièrement aux métaux de la mine de platine, qui sont, pour la plupart, le résultat des recherches originales faites au laboratoire depuis quelques années.

Il a été préparé, en effet, au laboratoire de chimie minérale, depuis 1894, les thèses de doctorat ci-après :

Ch. HUGOT. — *Recherches sur l'action du sodammonium et du potassammonium sur quelques métalloïdes.* Thèse Paris, 1900.

L. WINTREBERT. — *Recherches sur quelques sels complexes de l'osmium.* Thèse Bordeaux, 1902.

H. LOISELEUR. — *Recherches sur les combinaisons complexes du palladium.* — En cours.

A. DUFFOUR. — *Recherches sur les combinaisons complexes de l'iridium.* — En cours.

L'enseignement ressortissant à la chaire de Chimie minérale comprend la Chimie minérale et la Chimie physique. Le cours porte sur la Chimie physique pendant le premier semestre, sur la Chimie minérale pendant le second. Il est biennal et comporte par semaine deux leçons et une séance de travaux pratiques ; en 1908-1909, son programme a été :

Chimie physique : Lois des combinaisons, étude des solutions, électrochimie.

Chimie minérale : Composés oxygénés des métalloïdes, métaux.

En 1909-1910, son programme sera :

Chimie physique : Vitesse des réactions, catalyse, équilibres chimiques.

Chimie minérale : Métalloïdes, leurs composés hydrogénés et métalliques.

Chimie appliquée à l'industrie des résines.

Directeur du laboratoire : M. VÈZES.
Assistants : MM. MASSY et RAMÉE.

Le laboratoire de chimie appliquée à l'industrie des résines a été fondé en novembre 1900, grâce aux subventions votées à cet effet par les Conseils généraux de la Gironde et des Landes, les

Chambres de commerce de Bordeaux, Mont-de-Marsan et Bayonne, la ville de Bordeaux, la Société des Amis de l'Université de Bordeaux, les communes forestières des deux départements et divers industriels de la région.

Il a pour but essentiel le perfectionnement de l'industrie résinière dans la région landaise. C'est donc avant tout un laboratoire de recherches; mais c'est aussi un laboratoire d'analyses, chargé par l'État de « l'analyse des échantillons de produits résineux prélevés sur toute l'étendue du territoire de la République », en vue de l'application de la loi du 1er août 1905 sur la répression des fraudes, et où les industriels, négociants et consommateurs peuvent aussi faire faire l'essai de leurs gemmes, essences, huiles et autres produits résineux. C'est enfin un laboratoire d'enseignement, où les personnes désireuses d'étudier spécialement les questions chimiques et physicochimiques relatives à l'industrie des résines trouveront l'outillage nécessaire pour ce genre d'études.

Rattaché en fait à la chaire de Chimie minérale, dont il occupe une partie des locaux, le laboratoire des résines bénéficie par là de la possibilité d'utiliser pour ses recherches les importantes collections d'appareils et de produits chimiques qui appartiennent à cette chaire et ont été décrites plus haut.

Les travaux du laboratoire des résines sont publiés dans une série de fascicules s'élevant actuellement au nombre de 45 et comportant un total de plus de 1.000 pages.

Chimie industrielle.

Professeur : M. Vigouroux.
Chef des travaux, maître de conférences adjoint : M. Hugot, docteur ès-sciences.
Préparateurs : MM. Arrivaut, docteur ès-sciences; Ducelliez, Sanfourche.

Enseignement. — Il comporte un cours de Chimie générale (deux leçons par semaine) et un cours de Chimie industrielle (une leçon par semaine). Dans le cours de chimie générale sont exposés les propriétés et les modes de préparation des principaux corps de la chimie minérale et de la chimie organique. Dans le cours de Chimie industrielle, on étudie cette année les principales industries métalloïdiques (eau, eau oxygénée, brome, iode, phosphore, acide borique, etc.), la fabrication et l'utilisation des différents corps produits.

Moyens de travail offerts aux étudiants et aux savants. — Le laboratoire, qui laisse encore à désirer, est suffisamment installé pour pouvoir y effectuer les opérations courantes; il sera bientôt en état de permettre l'exécution de travaux & recherches scientifiques absolument nouvelles intéressant la chimie pure, recherches dont les résultats pourraient amener à l'obtention du doctorat ès-sciences.

Programme du cours. — *Chimie générale :* Le programme élaboré pour les étudiants du P. C. N. complété par quelques points intéressant les élèves de l'Ecole de Chimie. Ce cours revêt un caractère surtout expérimental et laisse de côté ce qui n'a pas une importance de premier ordre.

Chimie industrielle : Grande industrie chimique.

Laboratoire d'essais de produits coloniaux.

Directeur : M. Hugot.

Un laboratoire d'essais de produits coloniaux fonctionne dans le service de chimie industrielle.

Il rend de grands services aux commerçants et industriels pour la détermination des produits nouveaux, pour l'extraction des substances actives d'un produit naturel, pour les essais techniques.

Chimie physiologique *(Microbiologie)*.

Professeur-adjoint : M. Dubourg.

L'enseignement de la Chimie physiologique à la Faculté des Sciences de Bordeaux a été fondé par l'Université.

L'outillage des laboratoires comprend tout le matériel nécessaire aux manipulations et recherches de chimie physiologique générale et appliquée.

Les élèves sont initiés surtout aux questions de chimie physiologique appliquée à l'agriculture (vin, vinaigre, lait, fromages, etc., etc. — Histoire des microbes du sol).

Les chercheurs trouvent à leur disposition les moyens de travail pour les études se rapportant à tout ce qui intéresse les phénomènes de fermentation.

SCIENCES NATURELLES

Zoologie et Physiologie animale.

Professeur : M. Boutan, chargé de cours.
Préparateur : M. Feytaud.

Enseignement. — L'enseignement oral (trois cours par semaine) comprend chaque année deux séries de leçons. Les unes sont consacrées à l'histoire d'un certain nombre d'embranchements et présentent ainsi successivement l'étude anatomique et embryogénique et la classification sommaire des divers groupes du règne animal. Elles correspondent plus particulièrement à la préparation au certificat de zoologie, tel qu'il est généralement compris. Une autre série de leçons est consacrée à l'examen critique d'une des grandes questions de la bio-

logie générale, ainsi, dans les cours des années précédentes
ont été traitées : physiologie cellulaire; multiplication somati-
que et reproduction sexuelle; plasmolyse et fécondation par
les solutions hypertoniques; critique de la loi de Serres, palin-
génèse et cœnogénèse, métamorphoses; fixation et parasitisme,
etc., etc.

En outre, chaque semaine, une séance est consacrée à la
démonstration de préparations originales, autant que possible
relatives aux questions examinées dans les cours, destinées à
préciser quelques détails, plus encore à familiariser les élèves
avec la lecture des coupes et à leur montrer le degré de sché-
matisation de l'enseignement oral.

Des travaux pratiques de dissection et de micrographie ont
lieu chaque semaine pendant toute l'année. En outre, pendant
la belle saison, des excursions sont organisées pour conduire
les élèves dans la campagne environnante, au bassin d'Arcachon, aux rochers de Guéthary ou sur les chalutiers à vapeur
du Golfe de Gascogne.

Programme des cours. — Des Céphalocordes et des Vertébrés
et des affinités des Procordes avec les Vertébrés.

Collections. — Les collections de zoologie, autrefois répar-
ties entre les divers services, sont actuellement réunies dans
un Musée commun, au 1er étage de l'Institut du cours Barbey.

Les Vertébrés en constituent le fonds le plus ancien. Poissons, Batraciens et Reptiles y sont représentés par des squelettes ou des exemplaires conservés dans l'alcool, choisis parmi
les plus caractéristiques. La collection d'oiseaux empaillés,
objet de prédilection du professeur Bazin, mérite surtout d'être
signalée; elle dépasse par sa richesse les proportions ordinaires
des collections d'enseignement : c'est une véritable collection
de musée, contenant nombre de pièces rares, et qui mériterait
d'être mieux mise en valeur dans un vaste local. — Mammifères en peau et squelettes, nombreux crânes et dents. — Collection anthropologique d'une cinquantaine de crânes en nature
ou moulés en plâtre. — Moulages d'Auzoux pour l'étude de
l'anatomie humaine.

Magnifique collection de coquilles, contenant plus de 2.000
espèces, dont la plupart ont été acquises par M. le professeur
J. Pérez. — Types de Mollusques conservés dans l'alcool et
moulages. — Une collection d'Insectes secs, de Crustacés et
d'Arachnides dans l'alcool, représente très convenablement les
principaux types d'Arthropodes.

Riche collection d'Echinodermes de types divers conservés
à sec, contenant d'intéressantes formes tropicales.

Nombreux squelettes de Coraux et d'Eponges.

Dans ces dernières années, la collection s'est notablement
accrue d'Invertébrés inférieurs, Eponges, Cœlentérés, Echino-
·dermes, Bryozoaires, Vers, etc., conservés dans l'alcool, provenant des récoltes faites dans les excursions annuelles, ou de
divers laboratoires maritimes (Banyuls, Naples, etc.). De magni-
fiques préparations mettent sous les yeux des élèves les principaux types des faunes marines littorale et pélagique.

Les lacunes inévitables de ces collections sont en partie

comblées par de nombreuses planches murales exécutées au laboratoire et par la collection des tableaux de Leuckart.

Instruments. — L'outillage du laboratoire comprend, entre autres instruments, deux grands statifs de Zeiss, I. A et I. B, avec la série complète des objectifs et des oculaires ; un microscope binoculaire stéréoscopique de Zeiss, un microtome Minot, un microtome Radais, etc.

Bibliothèque. — Une bibliothèque de laboratoire met à la disposition des travailleurs les traités classiques français et étrangers, un certain nombre d'ouvrages spéciaux et quelques périodiques : *Bulletin scientifique de la France et de la Belgique*, *Archiv für Protistenkunde,* etc.

Anatomie comparée et Embryogénie.

Professeur : M. J. Kunstler.
Maître de conférences : M. J. Chaine.
Préparateur : M. Ch. Gineste.

L'enseignement de ce service (trois leçons par semaine) comporte l'anatomie comparée, l'embryogénie, l'histologie générale et l'ensemble résumé de la zoologie systématique.

Le programme porte sur l'embryogénie générale.

En outre, des travaux pratiques, portant sur les principaux types du règne animal, seront faits pendant toute la durée de l'année scolaire.

Des travailleurs peuvent être reçus dans le laboratoire pour faire des recherches sous la direction du professeur.

Zoologie.

Maître de conférences : M. Chaine.

Enseignement. — Le cours comprend :

1º Zoologie générale (une leçon par semaine).

2º Des Vertébrés et des Vertébrés anallantoïdiens (une leçon par semaine).

De plus, il y a une séance consacrée aux travaux de micrographie et à des conférences.

Enfin, pendant l'été, ont lieu des excursions zoologiques.

Instruments. — Tous les instruments utilisés pour les recherches zoologiques et histologiques se trouvent au laboratoire. — Microscopes de Leitz et Nachet, microtome à roue de Minot. — Appareil de microphotographie. — Loupes de plusieurs sortes. — Réactifs ordinaires, etc.

Il existe un cabinet noir pour la photographie.

Dans la cave, des bassins d'eau douce et d'eau de mer.

Dans le jardin, des arbres pour commencer des expériences et des cages pour l'élevage des animaux, ainsi qu'un bassin à grenouilles.

Botanique.

Professeur : M. Sauvageau.
Chef des travaux : M. Gard, docteur ès-sciences.

Enseignement. — L'enseignement de la Botanique (licence) se fait en deux ans; le professeur de botanique et celui de physiologie végétale se partagent l'enseignement.

Le professeur de botanique traitera : Morphologie de la cellule. — Reproduction des végétaux. — Physiologie de l'espèce. — Histoire naturelle des cryptogames (deux leçons par semaine).

Collections. Laboratoire. — Les travaux pratiques de licence ont lieu deux fois par semaine; le programme est vu en un an. En été, certaines séances de travaux pratiques sont remplacées par des excursions.

Les collections contiennent un herbier de Phanérogames de quinze à vingt mille échantillons dans lequel se trouvent fondus : l'*Herbarium normale* de Schultz, Winter, Dörfler et des collections de Balansa (Algérie, Orient), Bourgeau (Espagne, Portugal), Boissier (Syrie)..., etc. Un herbier des phanérogames de France, fait par Grognot, a été donné par un botaniste bordelais, M. Motelay.

Rabenhorst, *Die Algen Europa's.*
Rabenhorst, *Fungi europæi.*
Harvey, *Algæ of Australia.*
Collins, Holden et Setchell, *Phycotheca Boreali-americana.*
Okamura, *Algæ Japonicæ.*
Briosi et Cavara, *I funghi parasilici.*
Roumeguère, *Lichenes selecti Galliæ.*
Husnot, *Musci Galliæ.*
Mougeot et Nestler, *Stirpes cryptogameæ Vogeso-Rhenanæ.*

Autant que ses ressorces le lui permettent, le professeur complète celles de ces collections qui sont en cours de publication, et il les fait relier en volumes.

Ces collections sont réunies dans la salle des travaux pratiques des élèves ou dans le laboratoire du professeur.

Le professeur espère que le transfert projeté du service de Botanique, dans des locaux plus vastes et mieux appropriés, lui permettrait de recevoir des travailleurs étrangers, ce qui lui serait bien difficile actuellement.

Physiologie végétale.

Professe. : M. Devaux.
Péparateurs : MM. Bouyoues, docteur ès-sciences, Boyer.

Le laboratoire de physiologie végétale est affecté à l'enseignement du P. C. N. et à une portion de la licence (Anatomie et physiologie végétales). L'enseignement correspondant comporte quatre jours par semaine. Durant le semestre d'hiver, un de ces cours est consacré au P. C. N., mais à partir de mars, le P. C. N. comprend deux leçons hebdomadaires. Les cours en vue de la licence sont au nombre de trois en hiver et deux en été.

Certificat P. C. N. — L'enseignement du P. C. N. porte sur le programme officiel dont toutes les parties sont traitées d'une manière égale dans le courant d'environ quarante leçons. Le nombre des élèves varie entre 95 et 125, selon les années.

Licence. — L'enseignement en vue de la licence porte, comme nous l'avons dit plus haut, sur l'anatomie et la physiologie végétales. Le programme des cours est vu en deux années. Voici quelques indications sur chacune des parties de cet enseignement.

Anatomie et histologie végétales. — En dehors des matières fondamentales qui rentrent nécessairement dans le programme, le professeur s'attache à développer les points de vue généraux qui concernent la constitution et le développement des tissus et des organes. Cela lui permet d'établir un certain nombre de lois dont il montre ensuite l'application dans les cas particuliers. Chemin faisant, les rapports de la morphologie avec la physiologie sont signalés et la délimitation des deux domaines est soigneusement précisée.

Physiologie. — La physiologie végétale représente la spécialité personnelle du professeur ; aussi celui-ci s'est-il efforcé d'imprimer à cette partie de son enseignement un caractère original. Un grand nombre d'expériences sont faites au cours : il est peu de Facultés en France où des expériences de cours soient présentées aux élèves sur cette délicate partie des sciences naturelles. Le professeur a donné un développement particulier à l'exposé des faits appartenant au domaine de la *Physique végétale* d'une part, et à l'étude de l'*accroissement* d'autre part.

Les rapports intimes qui existent entre la physique moléculaire et la vie de la cellule ont une importance qui grandit de jour en jour et qui arrive à dominer toute l'étude de la biologie. C'est pourquoi le professeur s'attache à décrire les phénomènes de gonflement, d'osmose, de turgescence, d'hémi-perméabilité, d'absorption, etc., qui se passent dans la cellule et dans les tissus, et qui président aux échanges. Les questions de circulation, de répartition et d'équilibration de l'eau et des diverses substances à l'intérieur de la plante font aussi l'objet d'importantes leçons à la suite desquelles l'étude de la chimie végétale est considérablement simplifiée.

Les leçons sur l'*accroissement* des végétaux comprennent aussi, en dehors de ce qui est classique, l'exposé d'un ensemble de faits qui tendent à expliquer la morphologie et la structure comme résultat de l'accroissement. Une série de leçons sont faites sur les corrélations de croissance, sur la morphogénèse, l'autonomie de l'être et de ses parties, la nature et la répartition des facteurs internes de l'accroissement, etc.

Laboratoire. — Le laboratoire est surtout aménagé au point de vue de la physiologie. Toutefois, en dehors des quarante microscopes servant aux manipulations des élèves du P. C. N., il possède pour l'enseignement une collection de planches

murales spécialement faites sous la direction du professeur.
Il contient aussi un herbier local des plantes de la Gironde et du
Sud-Ouest ; trois microscopes grand modèle (Zeiss, Nachet
et Reichert) ; un microtome Minot construit par Nachet. Pour
les recherches de physiologie, le laboratoire possède diverses
balances dont une de précision (balance Collot) ; un appareil
à analyse des gaz de Bonnier et Mangin ; une pompe d'Alver-
gniat, pour l'extraction des gaz par le vide ; un aspirateur-com-
presseur des gaz ; une série de manomètres, de thermomètres
variés et d'hygromètres ; un appareil à distillations fractionnées,
enfin divers appareils d'analyses chimiques. En vue des cultures
de moisissures et de bactériacés, le laboratoire a acquis une
étuve système d'Arsonval modifié, grand modèle. Cette étuve,
pourvue de parois vitrées et de panneaux mobiles, permet de
faire des cultures à la lumière ou à l'obscurité selon les besoins
de l'expérimentation. Enfin une collection assez étendue de
produits chimiques et d'objets de verrerie permet de poursuivre
des recherches de chimie végétale.

Aperçu des travaux fournis dans le laboratoire. — On peut
avoir une idée de ce qui peut être fait dans ce laboratoire
d'après les travaux qui en sont sortis. Ces travaux se rapportent à l'anatomie (organes adultes et développement), à l'histologie (constitution de la membrane, etc.), à la botanique appliquée (maladies de la vigne et du tabac, étude de la truffe, etc.)
et à la physiologie (échanges gazeux, chimie physiologique,
physique moléculaire appliquée à la physiologie, etc.).

Deux thèses de doctorat ès-sciences sont sorties de ce laboratoire : celles de MM. Pitard et Bouygues, faites sur des sujets
d'anatomie. Deux autres sont en préparation, l'une sur un sujet
de physiologie, l'autre sur un sujet de biologie.

Notons en terminant que c'est dans ce laboratoire qu'ont été
faites les recherches de physique moléculaire qui ont permis au
professeur de reconnaître les propriétés physiques nouvelles
des substances albuminoïdes et, par suite, des réactions nouvelles de tous les tissus vivants animaux ou végétaux. Ces recherches ont donné aussi, d'une manière expérimentale, les dimen-
sions de la molécule vivante et enfin le mécanisme de la formation des membranes plasmiques qui limitent le protosplama, le
noyau, etc.

Géologie et Minéralogie.

Professeur : M. Fallot.
Préparateur : M. Reyt.

Enseignement. — Le professeur fait le cours normal de géologie en deux ans ; ce cours est destiné surtout aux étudiants
qui préparent le certificat de Géologie. Dans la première année,
il étudie l'Histoire de la Géologie, la Morphologie du globe, la
Géologie dynamique, la Pétrographie et une partie de la Géologie chronologique ou Stratigraphie (description des divers
terrains jusqu'au Jurassique inclus). Le cours de la deuxième

année traite de la fin de la Stratigraphie (Crétacé, terrains tertiaire et quaternaire) et de la Paléontologie.

Les exercices pratiques portent sur la détermination des roches et des fossiles exigés pour le certificat de géologie.

Des excursions ont lieu pendant la belle saison dans le département de la Gironde. Chaque année une excursions plus importante se fait, soit dans la région des Charentes et de la Vendée, soit dans celle des Landes et des Basses-Pyrénées.

Les candidats au certificat d'études supérieures des Sciences physiques et naturelles (S. P. C. N.) suivent en partie le cours normal, en partie des leçons spéciales faites par le Professeur. A ces cours sont annexées quelques séances de démonstrations et de travaux pratiques.

Collections. — Les collections géologiques de la Faculté des sciences, commencées sous les auspices de de Collegno et de Raulin, ont été entièrement reconstituées et considérablement développées par le professeur actuel.

FACULTÉ DES LETTRES

La Faculté est installée dans l'Hôtel des Faculté des Sciences et des Lettres, cours Pasteur.

Le Secrétariat est ouvert de 9 heures à 11 heures du matin et de 2 heures à 4 heures du soir.

COURS ET CONFÉRENCES

LITTÉRATURE

Langue et littérature grecques.

Professeur : M. MASQUERAY.

(Trois leçons par semaine).
1. Explication d'un auteur grec. Le professeur s'attache surtout à expliquer les idées développées par cet auteur, à en montrer l'origine et la place qu'elles ont prise plus tard dans les littératures classiques.
2. Explication d'un auteur grec au point de vue technique (constitution du texte, métrique, grammaire).
3. Histoire de la littérature grecque.

Maîtres de conférences : M. CUNY.

(Trois leçons par semaine).
1. Explication d'un auteur grec (programme d'agrégation).
2. Explication d'un auteur grec (programme de licence). Institutions grecques.
3. Cours de grammaire comparée des langues indo-européennes.

Langue et littérature latines.

Professeur : M. WALTZ.

(Quatre leçons par semaine).
1. Explication d'un auteur latin (programme d'agrégation). Correction de thèmes latins.
2. Notions de métrique.

3. Explication d'un auteur latin (programme de licence). Correction de thèmes latins.

4. Explication d'un auteur latin (programme d'agrégation). Correction de versions latines.

Professeur : M. DE LA VILLE DE MIRMONT.

(Trois leçons par semaine).
1. Histoire de la littérature latine.
2. Explication d'un auteur latin (programme d'agrégation).
3. Explication d'un auteur latin (programme de licence).

Grammaire.

Maître de conférences : M. FOURNIER.

(Quatre leçons par semaine).
1. Études sur les langues anciennes. Exercices de grammaire comparée.
2. Cours de grammaire. Dialectologie grecque.
3. Exercices pratiques de grammaire sur des auteurs grecs et latins.
4. Explication improvisée avec commentaire grammatical d'auteurs anciens.

Littérature française.

Professeur : M. LE BRETON.

(Trois leçons par semaine).
1. Explication d'auteurs français. Correction de travaux.
2. Histoire de la littérature française. (Sujets traités dans les dernières années : 1° le roman au XVIIIe siècle; 2° le roman au XIXe siècle avant Balzac; 3° les *Misérables* et le roman russe; 4° Balzac; 5° l'évolution du sentiment de la nature. En outre, 1° les sources de l'histoire littéraire au XVIIe et au XVIIIe siècle; 2° Voltaire; 3° Port-Royal).

Professeur : M. STROWSKI.

(Trois leçons par semaine).
1. Explication d'auteurs français. Correction de travaux.
2. Histoire de littérature française.
Un laboratoire de philologie est annexé au cours de M. Strowski.

Langues et littératures du Sud-Ouest de la France.

Professeur : M. BOURCIEZ.

(Trois leçons par semaine).
1. Un *Cours public*, roulant d'ordinaire sur la littérature

écrite en gascon depuis la renaissance, — ou sur les mœurs, traditions populaires et légendes du Sud-Ouest.

2. Une *Conférence de Philologie romane* (consacrée généralement soit à l'idiome gascon, soit à l'histoire de la langue française).

3. Une *Conférence* pratique, consacrée à analyser au point de vue linguistique des textes français (exercices faits par les élèves et correction de devoirs).

Langues et littératures étrangères.

Langue et littérature allemande.

Professeur adjoint : M. DRESCH.

(Quatre leçons par semaine).
1. Histoire de la littérature allemande.
2. Correction de travaux et leçons des étudiants.
3. Explication d'auteurs.
4. Exercices philologiques.

Langue et littérature anglaises.

Professeur : M. CESTRE.

(Trois leçons par semaine).

Chargé de conférences : M. BIARD.

(Deux leçons par semaine).

Etudes hispaniques.

Professeur : M. CIROT.

(Trois leçons par semaine).
Explication d'auteurs espagnols. Correction de travaux.

Langue et littérature italiennes.

Chargé d'un cours complémentaire : M. BOUVY.

(Deux leçons par semaine).
Explication d'auteurs italiens. Linguistique. Histoire de la littérature italienne.

Le personnel enseignant pour les langues vivantes est complété par l'adjonction de lecteurs étrangers.

HISTOIRE ET GÉOGRAPHIE

Géographie.

Professeur : M. Camena d'Almeida.

(Trois leçons par semaine).
Des trois leçons hebdomadaires, une ou deux sont consacrées soit à des questions de géographie physique générale, soit à l'étude de la France. Le reste est destiné à la préparation du concours d'agrégation. Toutes sont suivies de travaux de laboratoire.

Géographie coloniale.

Professeur : M. Lorin.

(Trois leçons par semaine).
Géographie des colonies françaises. — La colonisation latine dans l'Amérique du Sud : le Brésil.

COLLECTIONS GÉOGRAPHIQUES

En 1906 ont été inaugurées des collections spéciales de géographie, comprenant des modèles, des reliefs, des cartes murales et des cartes topographiques, des clichés et vues photographiques. Les étudiants sont spécialement dressés à la lecture et au dessin des cartes, à l'interprétation et à la traduction graphique des vues et croquis.

Archéologie et Histoire de l'Art.

Professeur : M. Paris.

(Trois leçons par semaine).
1. Histoire de l'art antique.
2. Histoire de l'art français au moyen-âge.

COLLECTIONS ARCHÉOLOGIQUES

Depuis 1887, il existe à la Faculté des lettres un important Musée de moulages. Cette collection étant destinée à s'accroître d'année en année, on a d'abord réuni les spécimens de la sculpture grecque et gréco-romaine.

Le professeur d'archéologie fait ses cours dans le Musée ; tous les étudiants de la Faculté des lettres, sans distinction de sections, sont admis à suivre les cours.

Le professeur reçoit à ses conférences, sur l'autorisation spéciale du Doyen, des auditeurs libres, en particulier des élèves de l'École des Beaux-Arts.

Ces derniers sont admis, sur la présentation de leur professeur ou du directeur de l'Ecole et après autorisation de M. le Doyen, à venir dessiner au Musée.

Les étudiants, sous la direction du professeur, ont rédigé le catalogue méthodique et scientifique du Musée.

Ce catalogue est en vente chez M. Feret, libraire.

Une bibliothèque exclusivement artistique, annexée au Musée, est en formation ; elle est à la disposition des professeurs et des étudiants.

En 1895, l'installation provisoire du Musée s'est améliorée ; trois salles nouvelles ont été disposées pour recevoir une partie des moulages, trop pressés dans le local primitif. Deux d'entre elles sont occupées par la sculpture archaïque, la troisième, par une partie des œuvres de l'art gréco-romain.

Les collections se sont enrichies d'un don précieux, d'une nombreuse série de figurines en terre cuite, provenant des fouilles de MM. E. Pottier, Salomon Reinach et Alphonse Veyries, à Myrina (Asie Mineure). Ce don est dû à la générosité de l'Ecole française d'Athènes.

De plus, le département de la céramique au musée du Louvre a consenti à envoyer en dépôt au Musée archéologique une série choisie de vases et de fragments de vases antiques permettant de faire, d'après documents originaux, un cours sur la céramique. Enfin le musée vient d'acquérir, en 1901, de nombreux moulages de l'art ibérique.

En 1902, le Ministère de l'Instruction publique a envoyé à l'Université de Bordeaux un lot d'objets trouvés par M. Gayet dans les récentes fouilles déjà si célèbres d'Antinoë, et aussi des fragments authentiques de l'art élamite, provenant des trouvailles non moins retentissantes de M. de Morgan.

Il faut joindre à ces richesses une collection déjà nombreuse de clichés à projections, qui, non seulement ont servi et serviront encore au professeur d'archéologie pour l'*illustration* de son cours public, mais ont même, pour la plupart, été communiqués d'abord à M. E. Pottier, professeur à l'Ecole du Louvre, à Paris, et à M. F. Dürrbach, professeur d'archéologie à la Faculté des Lettres de l'Université de Toulouse, et sont à la disposition des professeurs qui désireraient, à Bordeaux ou ailleurs, en faire usage pour leur enseignement.

Un petit atelier photographique a été aménagé au Musée de Moulages ; il permet de multiplier les projections aux cours publics et d'enrichir de documents nouveaux qui ne se trouveraient pas dans le commerce, la collection de photographies déjà constituée.

Cette collection comprend actuellement plus de 3.000 épreuves. Elle doit servir à tous les professeurs et à tous les étudiants. Elle est le complément naturel des divers enseignements. L'art ancien y prend, comme il convient, une place importante, mais non exclusive. Monuments et œuvres d'art de l'Egypte ancienne et moderne, de l'Asie Mineure, de la Grèce ; de l'Italie ancienne du Moyen âge et de la Renaissance ; de l'Espagne surtout de la France ancienne et moderne ; architecture, sculpture, peinture, céramique, orfèvrerie, rien n'est exclu de la collection, où un catalogue méthodique permet à chacun de retrouver sans peine les photographies qui l'intéressent.

Histoire ancienne.

Professeur : M. RADET.

Trois leçons par semaine.
1. Histoire de la Grèce et des anciens peuples de l'Orient.
2. Histoire romaine.
3. Commentaire de textes historiques. Correction de versions latines.
4. Notions de bibliographie, d'ethnographie et d'épigraphie.

Histoire du moyen âge.

Professeur : M. IMBART DE LA TOUR.

(Trois leçons par semaine).
1. Etudes d'histoire religieuse.
2. Etude des questions d'histoire du moyen âge portées au programme d'agrégation.

Sciences auxiliaires de l'histoire.

Professeur adjoint : M. DUFOURCQ.

Histoire moderne.

Professeur : M. MARION.

(Trois leçons par semaine).
1. Sujets traités en 1905-1906 : Les Etats-Unis au XIXᵉ siècle. — La guerre de Sécession.
2. Etude des questions d'histoire moderne portées au programme d'agrégation.

Histoire de Bordeaux et du Sud-Ouest de la France.

Professeur : M. COURTEAULT, chargé.

Paléographie.

Chargé d'un cours supplémentaire : M. BRUTAILS.

(Une leçon par semaine).
Exercice de déchiffrement et notions générales de diplomatique.

Ces collections, destinées à l'enseignement pratique de la Paléographie et de la Diplomatique, comprennent actuellement :

1° Une série de fac-similés de manuscrits et de chartes ;
2° Une série d'empreintes de sceaux exposés sous vitrines dans une des salles de conférences de la Faculté.

On a entrepris l'impression d'un album de paléographie régionale.

PHILOSOPHIE

Philosophie.

Professeur : M. LAPIE.

(Trois leçons par semaine).
Sujets traités dans les dernières années : Valeur morale.
2. Explication d'ouvrages de Hume et de Kantz.
3. Psychologie appliquée à l'éducation.

Histoire de la philosophie.

Professeur : M. RUYSSEN.

(Trois leçons par semaine).
Cours : Le dualisme dans la philosophie de l'Orient et de la Grèce.
Conférences préparatoires à l'agrégation et à la licence.

Science sociale.

Professeur : M. RICHARD.

(Trois leçons par semaine).
1. Cours de sociologie.
2. Explication de textes.
3. Cours de pédagogie. Histoire et organisation de l'enseignement secondaire en France et à l'étranger.

Etablissements scientifiques

annexés à l'Université

et placés sous son patronage

Bibliothèque de l'Université.

Bibliothécaire.................... MM. Bouvy.

Sous-Bibliothécaires..........   Platon (Droit.
                                 Gieules (Médecine).
                                 Prieur (Sciences et Lettres).

La Bibliothèque de l'Université de Bordeaux comprend trois sections et occupe trois locaux différents : la Section Centrale (Sciences et Lettres), la Section de Droit, la Section de Médecine et de Pharmacie.

Le nombre total des volumes, non compris les thèses et les brochures, s'élève actuellement à 101.500 dont :

         57.500 pour la Section Centrale,
         20.400 pour la Section de Droit,
         23.600 pour la Section de Médecine.

Il faut y ajouter 159.600 thèses et brochures dont :

         39.000 pour la Section Centrale,
         19.300 pour la Section de Droit,
        101.300 pour la Section de Médecine.

Ont droit à l'usage de la Bibliothèque et sont admis dans la salle de lecture :

1º Les membres de l'enseignement supérieur et de l'enseignement secondaire ;

2º Les étudiants de toutes les Facultés sur la présentation de leur carte d'étudiant ;

3º Les docteurs d'État et les docteurs de l'Université de Bordeaux ;

4º Les personnes munies d'une autorisation délivrée par M. le Recteur.

Les docteurs ainsi que les travailleurs autorisés par M. le Recteur sont dispensés du droit d'immatriculation mais non du droit de bibliothèque.

Ont droit au prêt des livres :

1° Les professeurs et agrégés des Facultés, les chargés de cours et maîtres de conférences;

2° Les étudiants régulièrement inscrits au Secrétariat de leurs Facultés respectives;

3° Les professeurs et chargés de cours des lycées de Bordeaux;

4° Les personnes autorisées par M. le Recteur.

Observatoire.

L'Observatoire de Bordeaux, créé par un décret du Président de la République en date du 18 mars 1878 et rattaché théoriquement à l'Université de Bordeaux à partir du 1er janvier 1900, est construit sur la colline de Floirac, à une altitude de 70 mètres et à 4.000 mètres environ à l'est-sud-est du clocher ouest de Saint-André. Sa situation en rase campagne, sur un sommet, lui donne un horizon dégagé et le met au-dessus des brouillards de la Garonne et des fumées de la ville.

L'Observatoire possède les instruments nécessaires aux observations de haute précision et aux principales études d'astronomie physique; chacun d'eux est isolé dans un bâtiment spécial, en sorte que les lunettes sont, autant que cela est pratiquement réalisable, à l'abri des réfractions anormales et que les observateurs ne se gênent pas mutuellement.

Les principaux instruments sont :

1° Un instrument méridien de 7 pouces (0^{m}190) d'ouverture libre et de 2^{m}320 de distance focale, construit en 1881 par Eichens. Les cercles de distance polaire sont au nombre de deux; ils ont 0^{m}980 de diamètre et sont divisés par cinq minutes.

Les microscopes sont au nombre de six.

L'instrument est tout entier en fonte de fer ou en acier, de sorte qu'il reste semblable à lui-même quelle que soit la température et que sa stabilité est remarquable.

Le méridien est susceptible de retournement; il a été monté en 1881.

2° Un équatorial de 8 pouces (0^{m}217 d'ouverture libre avec 2^{m}85 de distance focale. L'objectif est des frères Henry, la monture, de forme allemande, est d'Eichens-Gautier.

L'équatorial est enfermé dans une coupole tournante de 5 mètres de diamètre: il a été monté en novembre 1882.

3° Un équatorial de 14 pouces (0^{m}379) d'ouverture libre avec 6^{m}820 de distance focale. L'objectif est de Merz; il permet des grossissements de 1100 fois et dédouble des étoiles distantes de 0"32. La monture est de forme allemande. La coupole, en tôle d'acier, a 10 mètres de diamètre.

Le 14 pouces a été monté en août 1884.

4° Un équatorial photographique de 0^{m}320 d'ouverture libre et de 3^m43 de distance focale. L'objectif est des frères Henry et la monture, de forme anglaise, sort des ateliers de M. P. Gautier.

L'instrument est en tout semblable à ceux adoptés pour l'œuvre internationale de la photographie de la carte du ciel. Bordeaux est chargé de la zone + 12° à + 18°.

L'Observatoire publie ses travaux dans des annales in-4° intitulées *Annales de l'Observatoire de Bordeaux*. Douze volumes sont déjà publiés.

Les sommes dépensées pour la construction de l'Observatoire se sont élevées à 525.000 francs ; elles ont été fournies par des subventions de la ville de Bordeaux et de l'Etat.

Le budget annuel est de 51.000 francs : 10.000 francs donnés par la ville et 41.000 francs par l'Etat.

Le personnel de l'Observatoire se compose de MM. Picart, directeur ; Esclangon, astronome-adjoint ; E. Doublet, Courty et Kromm, aides-astronomes ; Faysse, Stapfer et Godard, assistants.

Institut colonial de Bordeaux.

L'Institut colonial de Bordeaux a été créé le 30 mai 1901 par un arrêté du Maire de Bordeaux et réorganisé par un autre arrêté du 31 juillet 1901. Son siège est au Jardin Public, pavillon des serres.

Il a principalement pour but « de rechercher les moyens les plus propres à faire connaître nos colonies, à les faire aimer et à dissiper les craintes que leur climat inspire ». Pour l'atteindre, il a tout d'abord appliqué ses efforts à la fondation d'un musée colonial mettant sous les yeux du public « les produits importants de nos colonies et les marchandises qu'elles nous demandent de préférence », puis à l'organisation de cours spéciaux destinés à « instruire les jeunes gens qui veulent s'installer aux colonies, de manière à leur éviter les erreurs que l'inexpérience fait commettre aux débutants ».

Il comprend :

1° *Un service de renseignements coloniaux* où sont réunis tous les documents susceptibles d'intéresser les industriels, les négociants et les explorateurs ;

2° *Un service de culture* organisé dans les serres, au Jardin botanique de la ville et au jardin d'essai de la colonie Saint-Louis ;

3° *Un musée* où sont installés dans des salles distinctes : *a)* Les produits d'importation rangés d'après leur emploi principal ; *b)* les produits fabriqués dans le Sud-Ouest de la France et vendus dans nos colonies ; *c)* les produits de fabrication étrangère vendus dans les colonies françaises.

Le musée est ouvert au public les mardis, jeudis, dimanches de une heure et demie à quatre heures.

4° *Un enseignement colonial.* Agriculture coloniale, produits coloniaux, hygiène coloniale, histoire de la colonisation et géo-

graphie coloniales, économie et législation coloniales, topographie et construction coloniales.

Les cours sont professés tous les jours à une heure et demie dans le grand amphithéâtre de l'Ecole supérieure de commerce, rue Saint-Sernin. Le programme est publié d'avance. Après deux années de scolarité, les élèves qui satisfont aux examens probatoires reçoivent un diplôme d'études coloniales de l'Université de Bordeaux.

Institut pratique de Droit.

Par arrêté ministériel du 21 novembre 1905, un Institut pratique de Droit a été créé à l'Université de Bordeaux et annexé à la Faculté de Droit. Il a pour but d'initier à la pratique judiciaire, et l'enseignement est donné à l'aide de dossiers remis aux étudiants et qui restent leur propriété.

Méthode d'enseignement. — Ces dossiers sont la reproduction littérale de dossiers réels (les noms des parties ont seuls été modifiés) s'appliquant à des procès qui ont été introduits et jugés. Les types d'affaires et de procédure ont été choisis de manière à familiariser les étudiants avec le mécanisme des divers litiges portés devant les juridictions civile, commerciale, administrative et criminelle. Cet enseignement constitue ainsi une véritable *clinique* judiciaire et vient compléter, en le concrétisant, l'enseignement théorique de la Faculté.

La Faculté de Droit de Bordeaux est la seule, en France, où un enseignement de cette nature ait été organisé et le Rapporteur général du budget à la Chambre des députés a fait un juste éloge de cette création qui permet aux étudiants, à leur sortie de l'école, d'aborder les carrières judiciaires avec une préparation suffisante.

L'enseignement est donné par des magistrats, des professeurs de la Faculté de Droit, des avocats, des avoués et un inspecteur de l'enregistrement, qui prennent chacun des pièces de dossiers et en donnent l'explication aux étudiants.

Programme. — La procédure civile comprend 70 dossiers consacrés aux diverses instances générales et spéciales et où les voies d'exécution (saisie immobilière et autres saisies) occupent une large place.

La procédure commerciale et la procédure administrative figurent dans le programme avec 30 dossiers environ.

Plusieurs magistrats de la Cour et du Tribunal expliquent les dossiers de procédure criminelle et d'administration des parquets et, chaque année, les étudiants assistent, conduits par leurs maîtres, au fonctionnement du petit parquet et du service anthropométrique dont la merveilleuse organisation rend, chaque jour, d'éminents services pour l'identification des malfaiteurs.

Enfin, les affaires de régie (contributions indirectes) sont l'objet de dossiers spéciaux expliqués, avec une compétence particulière, par l'avocat même de cette administration.

Tous ces dossiers, au nombre de 120 environ, sont divisés en deux séries dont chacune forme la matière d'un enseignement annuel. Au fur et à mesure de leur étude, ils sont repris par un inspecteur de l'enregistrement qui fournit, sur chacun d'eux, les renseignements relatifs aux droits de timbre et d'enregistrement.

Tel est, dans ses grandes lignes, le programme des études de l'Institut pratique de Droit où fonctionnent, à côté des cours théoriques de la Faculté, de véritables *travaux pratiques* dont on ne saurait trop souligner l'importance au point de vue de la formation professionnelle et qui constituent un complément indispensable de l'éducation juridique.

Conditions d'admission. — Peuvent se faire inscrire à l'Institut pratique non seulement les étudiants en droit, mais encore toute personne désirant se former à la pratique des affaires par l'étude, sur dossiers, des diverses procédures. *Aucun grade ou titre universitaire n'est exigé pour l'inscription.* Les étudiants n'ont à produire que leur extrait de naissance et, en cas de minorité, l'autorisation de leurs père, mère ou tuteur.

Droits de scolarité. — Les droits d'inscription à l'Institut pratique sont de 20 fr. par trimestre; les étudiants non inscrits à la Faculté ont à acquitter, en outre, un droit d'immatriculation de 20 fr. par an et un droit annuel de 10 fr. pour la bibliothèque.

Durée et régime des études. — La durée des études est de deux ans; le nombre des cours est de quatre par semaine.

Examens et diplômes. — A la fin de chaque année scolaire, un examen est subi sur les matières enseignées dans l'année. Un diplôme d'Université (Certificat d'études pratiques de droit) est délivré aux candidats ayant satisfait aux deux examens de fin d'année. Il est perçu pour chaque examen un droit de 20 fr.

Nota. — Pour tous renseignements et pour l'envoi du programme détaillé, s'adresser au Secrétariat de la Faculté de Droit.

Ecole de Chimie.

APPLIQUÉE A L'INDUSTRIE ET A L'AGRICULTURE

BUT DE L'INSTITUTION. — L'Ecole, créée en 1891, a pour but de fournir à l'industrie, à l'agriculture et au commerce des jeunes gens exercés dans la théorie et la pratique de la chimie.

Les étrangers peuvent être admis à suivre les mêmes enseignements que les élèves français.

Les industriels et négociants trouveront toujours auprès de la direction de l'Ecole des renseignements sur la valeur et les aptitudes des élèves sortants.

CONDITIONS D'ADMISSION. — Peuvent être admis à suivre les enseignements préparatoires au diplôme d'ingénieur-chimiste les jeunes gens français ou étrangers, âgés de 16 ans au moins, ayant subi avec succès, dans la seconde quinzaine de juillet ou la première semaine de novembre, un examen d'entrée portant sur les éléments des mathématiques, de la physique et de la chimie.

Sont dispensés de l'examen d'entrée les jeunes gens pourvus de l'un des diplômes suivants :

Baccalauréat ;

Brevet supérieur ;

Diplôme des écoles des arts et métiers ;

Diplômes des écoles supérieures du commerce, ou tous autres diplômes français ou étrangers reconnus par le Conseil de perfectionnement de l'Ecole comme équivalents aux précédents, en ce qui concerne les mathématiques, la physique et la chimie.

Les candidats doivent produire, en s'inscrivant au secrétariat de la Faculté des sciences :

1º Une demande sur papier libre, et, s'ils sont mineurs, une déclaration légalisée des parents ou tuteurs, les autorisant à suivre l'enseignement de l'Ecole de Chimie.

2º Leur extrait de naissance.

3º Leurs diplômes et brevets, s'il y a lieu.

La durée normale des études, pour l'obtention du diplôme d'ingénieur-chimiste, est de trois années, l'année scolaire commençant le 3 novembre et se terminant fin juillet. Les cours et exercices pratiques ont lieu chaque jour, de huit heures à onze heures et demie du matin et de une heure et demie à six heures du soir; l'assiduité est de rigueur.

Les élèves de l'Ecole de chimie sont soumis au régime scolaire et disciplinaire de l'Université.

A la fin de chaque semestre, des notes sont envoyées aux familles sur le travail et la conduite des élèves.

Les droits annuels exigibles des élèves de l'Ecole de chimie, pour chacune des années d'études, sont fixés à 550 fr., savoir :

Droit d'immatriculation	20 fr.
Droit de bibliothèque.	10 fr.
Droit de laboratoire (4 trimestres à 130 fr.) .	520 fr.
Total.	550 fr.

En outre, l'examen final de la 3ᵉ année comporte le paiement d'un droit d'examen de 20 fr.

Des dispenses totales ou partielles de ces différents droits peuvent être accordées par la Faculté aux élèves qui présenteraient des justifications suffisantes; mais elles ne leur sont maintenues que s'ils continuent à les mériter par leur travail et leur conduite.

Enseignement. — En première année, les élèves suivent une partie des cours de chimie préparatoires aux certificats de chimie générale et de chimie appliquée, ainsi que des enseignements complémentaires de mathématiques et de physique. En même temps, ils exécutent des exercices pratiques de chimie (préparations et analyses minérales et organiques) et des manipulations de physique.

La première année se termine par un examen de passage portant sur les matières étudiées dans le courant de l'année, et dans lequel entre en ligne de compte la moyenne des notes hebdomadaires obtenues pendant l'année, ainsi que celles d'un examen préliminaire subi à la fin du premier semestre.

Ne sont admis en deuxième année que les élèves ayant obtenu une moyenne au moins égale à 10 (sur un maximum de 20 points).

En deuxième année, les élèves continuent à suivre les cours de chimie préparatoires aux certificats de chimie générale et de chimie appliquée, et exécutent, au laboratoire, des travaux pratiques de chimie (analyses industrielles et agricoles).

L'examen qui termine la deuxième année porte sur les matières des programmes des deux certificats de chimie générale et de chimie appliquée; en outre, il y est tenu compte de la moyenne des notes (hebdomadaires et d'examen) obtenues pendant les deux années de leur scolarité, y compris celles d'un examen préliminaire subi à la fin du premier semestre. Ne sont admis en troisième année que les élèves ayant obtenu une note moyenne au moins égale à 10.

Un certificat d'études est attribué aux élèves qui, après avoir subi l'examen final de deuxième année, et obtenu à cet examen des notes moyennes au moins égales à 10 pour les épreuves théoriques et à 12 pour les épreuves pratiques, n'entreraient pas en troisième année.

La troisième année est divisée en deux sections, l'une industrielle, l'autre agricole.

Pendant cette année, les élèves complètent leur instruction en suivant certains cours de chimie pure et appliquée, ainsi que des cours de machines et matériel industriel et agricole; ils suivent en outre, à leur choix, les enseignements spéciaux relatifs, soit à la section industrielle, soit à la section agricole, et dont la nature est déterminée annuellement par le Conseil de perfectionnement de l'École, suivant les besoins de l'enseignement.

En même temps, ils exécutent des travaux pratiques relatifs aux enseignements suivis par eux, et, si leur éducation chimique est suffisante, des travaux originaux sur des sujets élémentaires.

Un examen définitif termine la troisième année; il y est tenu compte des notes obtenues pendant cette troisième année, ainsi que de celles qui résument les examens de passage antérieurs et un examen préliminaire subi à la fin du premier semestre.

Tous les examens ci-dessus indiqués comportent des épreuves écrites, orales et pratiques. Les épreuves pratiques et les épreuves orales sont subies pendant la dernière semaine de chaque semestre; les épreuves écrites se font, au contraire, dans le courant de chaque semestre, sous forme de compositions relatives à chacun des enseignements principaux suivis pendant le semestre.

Les élèves ayant obtenu, à l'examen final, une note moyenne générale au moins égale à 12 reçoivent le diplôme d'ingénieur-chimiste de l'Université de Bordeaux.

Ceux qui obtiennent seulement une note comprise entre 10 et 12 reçoivent un certificat d'études.

Les élèves n'ayant pas obtenu le diplôme après l'examen ou

n'ayant pu prendre part à l'examen, peuvent être autorisés à faire une quatrième année d'études, à la suite de laquelle ils subissent à nouveau l'examen.

LICENCE ÈS SCIENCES. — A la fin de la deuxième année d'études, les élèves pourvus d'un diplôme de bachelier peuvent se présenter simultanément aux épreuves relatives aux deux certificats de chimie générale et de chimie appliquée.

Mais ils doivent, pour cela, se conformer aux divers règlements de l'Université concernant la préparation aux certificats d'études supérieures (droits d'inscription, de travaux pratiques, d'examen, etc.).

Pour acquérir le diplôme de licencié ès sciences, ils n'auront, en général, besoin que d'une année supplémentaire pour obtenir un troisième certificat : celui de chimie physiologique, ou celui de physique expérimentale, ou tout autre, à leur choix.

Station agronomique et œnologique.

La Station agronomique et œnologique de Bordeaux a été créée et complétée par arrêtés du ministre de l'agriculture en dates du 21 septembre 1880 et du 8 octobre 1900. Le directeur en est M. Gayon, professeur de chimie à la Faculté des sciences, et le sous-directeur, M. Laborde, chargé spécialement de l'œnologie.

ANALYSES AGRICOLES. — Par arrêtés en date des 15 décembre 1880, 17 janvier 1882, 23 mai 1887 et 13 mars 1889, M. le Préfet de la Gironde a organisé, près la station, un laboratoire de chimie agricole, destinés aux analyses de toute nature intéressant les agriculteurs de la région.

Les analyses sont *gratuites* pour les Comices agricoles, Comités administratifs, les Ingénieurs et les Conseils élus du département.

Les analyses demandées par les propriétaires, agriculteurs, fabricants ou négociants, sont payées d'après un tarif réduit, approuvé par M. le Préfet, et qui est envoyé à toute personne qui en fait la demande.

Les laboratoires de la Station sont ouverts aux personnes qui désirent se mettre au courant des analyses agricoles et des progrès de l'œnologie.

COURS DE CHIMIE AGRICOLE

Le cours de Chimie agricole professé par M. Gayon a fait suite à celui de Baudrimont.

Chaque année le professeur traite un sujet intéressant plus particulièrement les agriculteurs de la région ; les personnes qui désirent répéter les expériences signalées dans le cours peuvent obtenir l'autorisation de venir manipuler dans les laboratoires de la Station agronomique.

Le sous-directeur de la station est chargé de les guider dans leurs recherches : ces manipulations sont hebdomadaires. Enfin les personnes qui désirent faire des recherches personnelles

sont admises à venir travailler tous les jours à la Station agronomique (Adresser une demande à M. Gayon).

Ont été admis dans ces conditions jusqu'à ce jour :

51 Français.
11 Grecs.
12 Russes.
1 Anglais.
4 Bulgares.
1 Belge.
1 Espagnol.
1 Hollandais.
4 Américains.
2 Australiens.
1 Japonais.
____
92

Station zoologique d'Arcachon.

Voir plus loin aux *Sociétés scientifiques.*

Cours de l'Alliance française.

L'*Alliance française*, association nationale pour la propagation de la langue française, a pour objet de répandre la langue
française hors de France et principalement dans nos colonies
et les pays soumis à notre protectorat.

Pour atteindre ce but, elle se propose : 1º de créer et de sub-
ventionner des écoles françaises ; 2º de former des maîtres ;
3º de distribuer des récompenses propres à assurer la fréquenta-
tion des écoles ; 4º d'encourager les publications pouvant
seconder l'œuvre de l'Alliance, et, en particulier, celles qui ont
un caractère pédagogique ; 5º de donner des prix ou des bourses
de voyages aux meilleurs élèves ; 6º de publier un bulletin et de
prendre toutes les mesures destinées à assurer le développement
et la prospérité de l'œuvre. Elle a son siège à Paris.

Un groupe régional de l'*Alliance française* existe à Bordeaux
depuis 1884. Il se compose : 1º de membres annuels, qui paient
une cotisation d'au moins 6 francs par an ; 2º de sociétaires per-
pétuels qui versent en une fois la somme de 120 francs ; 3º de
membres fondateurs, qui versent la somme de 500 francs. Il
s'occupe plus spécialement parmi nos colonies, du Sénégal, et,
parmi les pays étrangers, de l'Espagne, où il subventionne un
certain nombre de collèges français et de cours d'adultes.

Depuis 1901, il a organisé, sous le patronage de l'Université
de Bordeaux, des cours pour les étrangers qui veulent se
perfectionner dans notre langue.

Ils ont lieu à la Faculté des Lettres et sont répartis en deux
semestres, celui d'hiver, du début de novembre jusqu'aux
vacances de Pâques, et celui d'été, depuis les vacances de
Pâques jusqu'à la mi-juillet.

Durant les premières semaines de chaque semestre, il n'est

fait que des cours absolument pratiques de diction, de prononciation, de grammaire et de conversation. Les cours de littérature, grammaire théorique, histoire et géographie se font durant les quatre dernières semaines. Il y a environ quatre-vingts leçons en tout par semestre.

A la fin de chaque semestre a lieu une session d'examens pour l'obtention du diplôme de capacité. Deux épreuves sont obligatoires :

1º Une composition écrite d'une durée de deux heures et demie, sur un sujet facile (narration, lettre ou résumé de l'un des sujets traités dans les cours) ;

2º Une interrogation orale, comprenant une conversation et l'explication d'un texte facile choisi parmi les auteurs qui auront fait l'objet de l'un des cours de littérature.

Facultativement, les candidats pourront être aussi examinés sur la grammaire théorique, la littérature, l'histoire et la géographie de la France. Il ne sera posé que des questions simples et générales. Le programme pour l'histoire et la géographie est le même que celui du baccalauréat, 1re et 2e parties, mais ne comprend que ce qui concerne la France, ses colonies et ses relations extérieures. Chacune de ces matières fera l'objet d'une composition écrite, d'une durée de deux heures et demie, et d'une interrogation orale, et aura pour sanction une mention portée sur le diplôme. Les candidats qui auraient obtenu le diplôme antérieurement pourront subir ces examens facultatifs, et les mentions correspondantes seront portées sur un nouveau diplôme.

La mention « Capable d'enseigner la langue française » pourra être inscrite sur le diplôme, si le candidat a satisfait à toutes les épreuves ci-dessus indiquées et a montré des aptitudes pédagogiques suffisantes. Les personnes de nationalité française qui se présentent aux examens ne peuvent recevoir le diplôme qu'à la condition d'avoir obtenu cette mention.

La composition en littérature dispense de la composition écrite exigée pour le diplôme sans mention.

Le jury est composé du président du Comité bordelais de l'Alliance française, des membres du bureau et des professeurs chargés des cours. Le diplôme est signé par le président et par les professeurs qui ont interrogé le candidat, ainsi que par le doyen de la Faculté des lettres.

Nul auditeur n'est tenu de subir ces examens. Ceux qui, sans les subir, auront fait preuve d'une assiduité parfaite recevront un diplôme d'assiduité, signé par le président et par le doyen de la Faculté des lettres.

Les droits d'inscription pour un semestre sont de 30 francs. Les auditeurs doivent en outre se faire inscrire pour un an au moins comme membres de l'Alliance française (cotisation : 6 fr. par an) et ils recevront le bulletin trimestriel de cette association.

Les droits d'examens sont de dix francs et ceux de diplôme de cinq francs.

Pour les renseignements, s'adresser à la Faculté des lettres ou écrire à M. Cirot, maître de conférences à la Faculté des lettres, 41, rue Permentade, Bordeaux.

Etablissements scientifiques

en dehors de l'Université.

Ecole de Notariat de Bordeaux.

Siège de l'école : Hôtel municipal de l'Athénée, rue des Trois-Conils, 53.
Direction et Secrétariat : rue du Temple, 24 *bis*.

L'École de Notariat de Bordeaux est la plus ancienne des écoles de Notariat de France : elle a été fondée en 1831 par un notaire de la Charente-Inférieure, M. Scholl. L'Ecole a été reconnue par l'Etat, en vertu du décret du 3 août 1905, et les diplômes qu'elle confère ont un caractère officiel auquel s'attache une réduction de deux années de cléricature.

Aucun titre universitaire ni aucune condition de stage préalable ne sont exigés pour l'admission à l'Ecole; il suffit d'être âgé de 17 ans.

La durée des études est de deux ans. L'enseignement a un caractère essentiellement professionnel; il comprend des cours théoriques et des cours pratiques (pratique notariale, droit fiscal et cours d'application ou problèmes juridiques, ces derniers formant la matière de deux volumes, propriété de l'école, dont un exemplaire est remis aux étudiants et annotés par eux).

La méthode d'enseignement de l'Ecole de Bordeaux a servi de modèle aux écoles de Notariat qui ont été ultérieurement créées; la forte organisation de l'Ecole et, pendant ces dernières années, le véritable apostolat de M. Dupond, son ancien directeur, actuellement Conseiller à la Cour d'appel de Bordeaux, ont puissamment servi la cause de l'enseignement notarial.

Ecole supérieure de commerce et d'industrie.

Siège : 66, rue Saint-Sernin, Bordeaux.

Fondée en 1874 sous le patronage et avec le concours du Conseil général du département de la Gironde, de la Ville, de la Chambre de commerce et de la Société Philomathique de Bordeaux et reconnue par l'Etat (décret du 12 juillet 1890), cette Ecole a pour but :

Au point de vue commercial, de former des jeunes gens qui

possèderont à leur sortie de l'Ecole une instruction spéciale assez complète pour être capables de diriger plus tard les plus importantes maisons;

Et *au point de vue industriel,* de préparer des agents techniques suffisamment instruits pour devenir promptement de bons contremaîtres et ensuite des chefs d'industrie.

DIVISION ET DURÉE DES ÉTUDES. — L'Ecole a *deux divisions distinctes;* une *division commerciale* comprenant depuis 1903 une section coloniale, et une *division industrielle* répartie depuis la même année en deux sections : section des travaux publics et section d'électricité.

Durée des études dans les deux divisions : deux années.

Des cours préparatoires d'une année sont annexés à la division commerciale.

RECRUTEMENT DES ÉLÈVES. — Ce recrutement se fait au mois d'octobre par voie d'examen. Des élèves auditeurs, français ou étrangers, peuvent toutefois être autorisés à suivre les cours de l'école sans avoir subi toutes les épreuves.

RÉTRIBUTION SCOLAIRE. — 400 francs par an pour les années normales de la division commerciale et 300 francs par an pour celles de la division industrielle et de l'année préparatoire.

Des bourses dispensant des frais d'étude sont accordées par le ministère du commerce (à la suite d'un concours) et par les corps fondateurs de l'Ecole.

RÉGIME DE L'ÉCOLE. — L'Ecole n'a pas d'internat, mais le directeur se tient à la disposition des parents pour leur indiquer des établissements scolaires ou des familles recommandables recevant en pension les élèves de l'école et se chargeant de veiller sur leur conduite et leurs travaux en dehors de l'école.

TITRES DÉLIVRÉS. — A la suite des examens de sortie, des diplômes et des certificats de capacité, facilitant leur placement dans le commerce ou dans l'industrie, sont délivrés aux élèves qui les ont mérités. Les diplômes de la division commerciale sont signés par le ministre du commerce.

BOURSES DE SÉJOUR A L'ÉTRANGER ET BOURSES DE VOYAGE. — Les anciens élèves de l'école sont admis à concourir pour les bourses de séjour à l'étranger mises chaque année su concours par le ministère du commerce et de l'industrie (3.000 fr. pour la première année et 2.400 pour la seconde). Trois bourses de voyage sont accordées en outre chaque année, par la Chambre de commerce de Bordeaux, aux premiers élèves des deux divisions (deux bourses commerciales de 2.500 francs pour séjour hors de l'Europe, et une bourse industrielle de 500 francs ou de 1.000 francs suivant la destination du voyage, France ou étranger).

Ecole municipale des Beaux-Arts et des Arts décoratifs.

Il existe à Bordeaux une Ecole des Beaux-Arts et des Arts décoratifs dont le siège est rue des Beaux-Arts et qui est placée sous la direction de M. Paris, correspondant de l'Institut, professeur à la Faculté des Lettres.

Les jeunes gens y sont admis à partir de l'âge de 11 ans, les jeunes filles à partir de 13 ans.

Les cours professés sont ceux de : peinture, d'histoire, dessins de figure, peinture décorative et dessin d'ornement, anatomie, sciences appliquées à l'architecture, architecture, dessin linéaire, perspective, histoire des beaux-arts, sculpture, statuaire, sculpture d'ornement.

Conservatoire de musique.

(Société de Sainte-Cécile).

La Société de Sainte-Cécile, fondée en 1843, a institué en 1852 une école gratuite de musique transformée en 1869 en un Conservatoire subventionné par la ville et le département. Son siège est : 124, rue de la Trésorerie.

La Société donne pendant l'hiver des concerts symphoniques qui ont lieu le dimanche (tous les quinze jours) au Grand-Théâtre.

Cours de la Société Philomathique.

Siège, rue Saint-Sernin, 66. Ouverts d'octobre à avril, ces cours, accessibles à toute personne âgée de 15 ans révolus, comprennent, entre autres enseignements recherchés par les étrangers, l'enseignement du Français, de l'Anglais, de l'Allemand, de l'Espagnol, de l'Electricité industrielle et le Traitement des vins.

Bibliothèques. Musées.

Archives municipales.

Les Archives de la Ville (à la Mairie) sont ouvertes au public tous les jours de l'année, les dimanches et jours de fêtes exceptés. Elles se nommaient autrefois le *Trésor de l'Hôtel de Ville* et comptent plusieurs siècles d'existence. Un inventaire en fut dressé au xiv⁰ siècle; on le conserve encore aujourd'hui.

Bien qu'elles aient été fort endommagées par divers incendies, les Archives de Bordeaux sont encore très riches en manuscrits et pièces manuscrites du xiii⁰ au xviii⁰ siècle; en autographes anciens et modernes; en médailles, dessins, plans, vues cavalières, planches gravées, etc., le tout relatif à l'histoire de la ville.

Archives du département.

Les archives du département sont placées sous la surveillance et la direction de M. le Secrétaire général de la Préfecture.

Elles sont situées rue d'Aviau, hôtel des Archives, et forment deux grandes divisions. La première comprend les pièces anciennes, antérieures à 1790, partagées en huit séries et en fonds nombreux, dont les principaux sont ceux du parlement de Bordeaux, de la sénéchaussée et des autres juridictions; de l'intendance de Guienne, du bureau des Finances; de la garde-note des notaires de Bordeaux, considérablement accrue par des versements successifs; de l'archevêché, de la cathédrale, des paroisses et des monastères et couvents sis sur le territoire du département. La seconde division comprend les pièces modernes ou archives proprement dites de la Préfecture.

Le public est admis tous les jours non fériés.

Bibliothèque de la Ville.

Aux ressources offertes aux professeurs, aux étudiants et aux chercheurs par la Bibliothèque de l'Université, se joignent celles que présente si abondamment la Bibliothèque de la Ville avec ses 180.000 volumes. Elle est ouverte tous les jours non fériés, excepté le samedi. Elle est installée rue Mably.

Bibliothèque de la Chambre de commerce.

Installée à la Bourse (1er étage), elle est ouverte aux lecteurs tous les jours non fériés; elle contient plus de 16.000 ouvrages relatifs au commerce, à la marine, à l'économie politique, à l'industrie, au droit, à la géographie, aux voyages, etc., et près de 5.000 cartes marines.

Bibliothèque de l'Institut colonial.

Siège : Pavillon des Serres, au Jardin-Public. — Cette bibliothèque est ouverte tous les jours non fériés de neuf heures et demie à onze heures et demie et de deux heures et demie à cinq heures. Elle comprend un grand nombre d'ouvrages relatifs au commerce et aux colonies françaises et environ trois cents journaux et revues.

Bibliothèque municipale de Botanique.

La Bibliothèque municipale de botanique, placée au Jardin-Public, pavillon des Serres, est ouverte du 1er octobre au 31 juillet, les mardis, jeudis, samedis, de neuf heures à midi. Elle possède la plupart des flores, les grands ouvrages de botanique systématique et de précieuses iconographies. On y trouve des herbiers importants légués à la ville par Lespinasse, Ch. des Moulins, Léon Dufour, Clavaud, Brochon, Glazion, etc., et comprenant des plantes de toutes les régions du monde.

Un catalogue par fiches permet de consulter ces collections avec une grande rapidité.

Jardin botanique de la Ville.

Le jardin est important, et les serres monumentales qui le dominent abritent les végétaux exotiques les plus rares.

Une bibliothèque botanique spéciale est également ouverte au public dans le bâtiment contigu aux serres (V. *supra*).

Le Dr Campaigne, professeur au Jardin botanique de l'Académie (rue Mautrec), sous Louis XV, avait légué à l'établissement un herbier en huit volumes. Cet herbier était déjà, comme on le pense, assez altéré en 1813, époque à laquelle Laterrade en recueillit les restes et les déposa à la bibliothèque du Jardin des Plantes. Le professeur Latapie, le premier maître de Laterrade, avait également légué à la ville un herbier considérable, qui en renfermait lui-même un autre, formé aux environs de Meudon en 1673 par un botaniste inconnu.

La collection reçut un accroissement sensible, par suite de la donation faite à la Ville (en 1876) des herbiers de MM. Lespinasse et Ch. des Moulins par les familles de ces deux botanistes. Elle s'accrut encore par l'acquisition de la bibliothèque du premier d'entre eux en 1879. Dans le courant de l'année 1893, un don précieux est venu enrichir une collection déjà remarquable. MM. Albert Léon-Dufour, docteur en médecine à Saint-Sever, et Gustave Léon-Dufour, ancien médecin principal de l'armée, ont donné à la ville de Bordeaux l'herbier de leur père le savant Léon-Dufour. Cet herbier renferme environ 7.000 espèces, parmi lesquelles on compte 2.300 espèces de cryptogames. Un crédit annuel assez important permet à la bibliothèque ainsi constituée de se tenir au courant des progrès de la science.

Le jardinier en chef se tient à la disposition des étudiants tous les jours non fériés de quatre à six heures du soir, afin de leur fournir, sur leur demande et dans la mesure du possible, les divers échantillons de plantes nécessaires à leurs études.

Muséum d'histoire naturelle.

Ébauché en 1791 par le don que Latapie fit à la ville de ses collections et de sa bibliothèque, le Muséum d'histoire naturelle n'a été réellement constitué qu'en 1804 par la collection Journu-Auber donnée à la municipalité en 1802. Primitivement installé dans les bâtiments municipaux de la rue Jean-Jacques-Bel, le « Cabinet d'histoire naturelle », comme on l'appelait alors, a été transféré en 1862 dans l'hôtel de Lisleferme au Jardin-Public où il est encore aujourd'hui.

Les collections aménagées dans cet établissement par M. le
Dr Souverbie qui en a été le conservateur savant et zélé de
1853 à 1891, puis par M. Fallot, professeur à la Faculté des
Sciences, sont actuellement et depuis 1898 placées sous la direc-
tion scientifique de M. Kunstler, professeur à la Faculté des
Sciences, qui fait un cours dans le semestre d'été.

Tel qu'il est actuellement, le Muséum, devenu trop petit pour
les richesses qu'il contient et pour une ville de l'importance de
Bordeaux, renferme des collections générales, des collections
régionales et des collections spéciales.

Le premier groupe comprend une série zoologique intéressante, surtout au point de vue des Mammifères (ostéologie des
Cétacés particulièrement) et des Reptiles, et une collection
minéralogique assez complète.

Le deuxième groupe renferme une collection zoologique
régionale importante au point de vue ornithologique et une
collection géologique du département, à laquelle il convient
d'ajouter une série paléontologique remarquable au point de
vue des Vertébrés de la région et provenant en grande partie
de l'achat de la collection Delfortrie.

Les collections spéciales, en raison de l'intérêt qu'elles présentent, ont été classées à part; elles comprennent surtout :

1° La collection conchyliologique de la nouvelle-Calédonie,
admirable série envoyée au Muséum par les R. P. Lambert et
Montrouzier, classée et déterminée par le Dr Soubervie, qui en
a décrit et figuré de nombreuses espèces;

2° La collection des coléoptères de M. Perroud, contenant
une belle série de longicornes et de lamellicornes;

3° La collection d'oologie de M. Mayrand (œufs d'oiseau d'Europe);

4° La collection paléontologique de M. Ch. des Moulins;

5° Celle de M. Benoist, très riche pour les terrains tertiaires
du bassin de l'Aquitaine.

Cet ensemble de collections, en fournissant de nombreux
éléments aux travailleurs, est appelé à rendre d'importants services à nos Facultés, notamment aux étudiants en médecine et
en pharmacie et à ceux qui préparent la licence et l'agrégation
des sciences naturelles. À cet effet, les salles du Muséum sont
ouvertes tous les mardis aux Etudiants.

Musée préhistorique.

Au Muséum (Jardin-Public), le *Musée préhistorique* offre
une série très complète (10.000 pièces) des produits de l'art préhistorique et ethnographique dans le Périgord.

.Musée d'armes.

Rue Mably, à la Bibliothèque municipale, est installé le *Musée
d'armes*, où se trouvent entre autres des antiquités égyptiennes
et étrusques.

Musée lapidaire ou des Antiques.

Egalement à la Bibliothèque, rue Mably, le *Musée lapidaire* comprend des poteries romaines, des bronzes romains, des inscriptions romaines, au nombre d'environ trois cents ; des bas-reliefs funéraires, des autels, des bas-reliefs de portiques, des statues en marbre et en bronze, des débris de monuments, avec lesquels on pourrait reconstruire de véritables temples, le tout formant plus de mille pièces : collection très précieuse, inférieure seulement à celles de Nîmes, Lyon, Narbonne, Arles et Trèves ; des mosaïques romaines ; de fort beaux sarcophages mérovingiens, des débris de chapiteaux romains, des bas-reliefs et des sculptures gothiques, des portes, des cheminées, des ouvrages en fer forgé, des armes de la Renaissance, des fragments de statues et sculpture sur bois du xviiie siècle.

Cabinet des médailles.

Dans une salle du Musée de peinture est le *Cabinet des Médailles,* en formation.

La municipalité étudie la question de réunir en un seul local ces quatre dernières collections.

Elles ont donné lieu à la publication suivante : En janvier 1884, la *Commission de la publication des Archiv   municipales de Bordeaux* reprenant une idée émise dix ans auparavant par M. Dezeimeris, chargea M. Jullian, professeur à la Faculté des lettres, de rédiger un recueil d'inscriptions bordelaises.

Ce recueil a paru, en 1896, aux frais de la Ville, en deux volumes in-4°, avec des héliogravures qui placent les monuments mêmes sous les yeux du lecteur.

Musée de peinture et de sculpture.

Installé au jardin de l'Hôtel-de-Ville, ce Musée est ouvert au public tous les jours, excepté le lundi et le vendredi (*Voir les guides et catalogues spéciaux*).

Musée Bonie.

Ce musée, légué à la Ville par M. le conseiller Bonie, a été ouvert au public, 30, rue d'Albret, le 2 février 1896. Il renferme de très intéressantes séries de meubles, d'armes, de faïences, de porcelaines, de tableaux, de gravures, d'émaux, etc., ainsi qu'une remarquable et curieuse collection d'armes, d'ustensiles et d'objets arabes et orientaux. Ouvert les dimanches, mardis et jeudis.

Musée du Vieux Bordeaux.

Il a été institué pour sauver de la destruction et conserver soigneusement tous les souvenirs, pièces et documents intéressant l'histoire locale. Créé par la Société archéologique de Bordeaux, il a été installé par ses soins dans les salles de l'ancienne porte de Cailhau, qui défendait l'accès du palais de l'Ombrière.

Ouvert depuis un an à peine, le Musée voit tous les jours ses collections s'enrichir de pièces nouvelles : monnaies, médailles, livres, albums, cartes, dessins, gravures, portraits, tableaux, objets d'art, papiers et souvenirs familiaux, produits de l'industrie locale, poteries, boiseries, ferronnerie, objets divers retirés des fouilles ; tout ce qui constitue les documents de l'histoire locale.

Le Musée est subventionné par la Ville de Bordeaux pour marquer la faveur que la municipalité attache à cette création.

L'entrée est gratuite le dimanche de 2 à 4 heures, payante les autres jours.

Sociétés savantes et Associations diverses.

Académie nationale des Sciences, Belles-Lettres et Arts.

L'Académie des Sciences, Belles-Lettres et Arts, fondée en 1708 et instituée en 1712, tient ses séances tous les jeudis à l'Athénée. Elle a chaque année plusieurs séances publiques, dont l'une a pour but de présenter le précis de ses travaux annuels et de distribuer les prix proposés dans ses programmes.

Société d'économie politique.

Cette Société, fondée en 1880, sous le patronage de la Chambre de commerce de Bordeaux, a pour but de développer dans la ville et sa région le goût des études économiques au moyen de conférences, de publications et de la propagation de livres et brochures.

La Société publie la *Revue économique de Bordeaux*.

Les séances ont lieu mensuellement à l'Athénée, salle n° 9.

Société d'anatomie et de physiologie normales et pathologiques.

Cette Société, fondée le 9 mars 1880, a pour objet l'étude de l'anatomie et de la physiologie humaines et comparées, normales et pathologiques.

Ses séances ont lieu tous les lundis à cinq heures et demie, à l'amphithéâtre de clinique interne (Hôpital Saint-André).

La Société publie des *Bulletins* sous la direction de M. Auché. Le recueil de cette publication forme actuellement 20 volumes.

Société de médecine et de chirurgie.

Cette Société, reconnue d'utilité publique, est le résultat de la fusion des Sociétés de médecine et médico-chirurgicales des hôpitaux de Bordeaux, fusion faite d'un commun accord au commencement de 1872.

Elle se réunit tous les vendredis à cinq heures de l'après-midi à l'Athénée, rue des Trois-Conils.

Le premier et le troisième mercredi de chaque mois, elle donne des consultations gratuites aux malades de la ville et du département.

La Société publie, sous forme de revue mensuelle, les *Annales de Médecine et de Chirurgie de Bordeaux*.

Société de gynécologie, d'obstétrique et de pædiatrie de Bordeaux.

Cette Société, fondée le 21 décembre 1891, par M. le Dr Dubreuilh, a pour objet l'étude des *maladies de la femme,* des *accouchements* et des *maladies des enfants*. Elle se réunit le deuxième mardi de chaque mois, à cinq heures du soir, à la clinique d'accouchement, hôpital Saint-André.

La Société publie des *Bulletins* dont le recueil forme aujourd'hui une dizaine de volumes.

Elle a organisé, à l'occasion de l'Exposition de Bordeaux, en 1895, le premier Congrès périodique de gynécologie dont les travaux sont consignés dans un volume de plus de mille pages.

Société de pharmacie.

Reconnue établissement d'utilité publique par décret du 26 février 1879, cette Société, fondée le 1er septembre 1834, se compose de membres résidents, de membres honoraires et d'associés correspondants.

Elle s'occupe de pharmacie, de chimie, ainsi que de tout ce qui a rapport aux sciences, aux arts, aux manufactures et à la salubrité publique.

Elle publie des *Bulletins* mensuels.

Société Linnéenne.

La Société Linnéenne de Bordeaux, créée en 1818, s'occupe des diverses branches de l'histoire naturelle : botanique, entomologie, géologie, zoologie.

Elle publie des *Actes* dont le recueil forme aujourd'hui plus de 60 volumes. Elle possède une bibliothèque de 12.000 volumes ou brochures, très riche surtout en publications périodiques des Sociétés savantes françaises et étrangères. Dans le nombre se trouvent beaucoup de séries complètes contenant des travaux originaux qui souvent n'ont pas eu de tirage à part ou qui sont devenus introuvables en librairie.

En décembre 1897, la Société a gracieusement offert de mettre cette bibliothèque à la disposition des professeurs et des étudiants de l'Université qui voudront la consulter sans déplacement.

La bibliothèque est située salle 11, à l'Athénée ; elle est

ouverte les lundis, mercredis et vendredis de deux heures à
quatre heures.

La Société célèbre l'anniversaire de sa fondation par une
séance solennelle et une excursion qui ont lieu le dimanche
après le 24 juin. Indépendamment de cette excursion, plusieurs
fois par an, quatre au minimum, on en organise de particulières auxquelles tous les membres de la Société sont invités à
assister.

Société des Sciences physiques et naturelles.

Le siège des séances de la Société des Sciences physiques et
naturelles se trouve dans l'Hôtel des Facultés des Sciences et
des Lettres; sa bibliothèque, voisine de la bibliothèque universitaire, en est pour ainsi dire une annexe.

L'ensemble des professeurs et des préparateurs de la Faculté
des sciences s'y trouve réuni en un groupe que viennent ren-
forcer des professeurs de la Faculté de médecine, du Lycée et
de l'Ecole supérieure du commerce et de l'industrie, des offi-
ciers, des ingénieurs, des industriels.

La Société des Sciences physiques et naturelles, qui compte
aujourd'hui environ cent membres titulaires et de nombreux
membres honoraires ou correspondants, a eu des commence-
ments modestes.

Son origine première remonte à 1848, époque à laquelle
J.-F. Laterrade, directeur de l'ancien Jardin des Plantes de la
rue d'Arès, réunissait autour de lui de nombreux étudiants, de
jeunes botanistes, élèves de la Faculté des sciences et de
l'Ecole de médecine, futurs horticulteurs, apprentis droguistes
ou même simples amateurs.

En 1850, les professeurs d'histoire naturelle de la Faculté des
sciences comprirent que ces étudiants étaient des élèves à
encourager : ils les prirent sous leur patronage et bientôt était
fondée la Société d'histoire naturelle de Bordeaux.

Les onze membres qui la constituaient à l'origine se réunis-
saient tous les quinze jours, et la Faculté des sciences leur
offrait l'hospitalité dans un de ses laboratoires.

Bientôt des éléments nouveaux venaient donner à la Société
une vie d'un nouveau genre et étendre la sphère de ses travaux.

La Société prenait, le 2 juin 1853, le titre définitif de *Société
des sciences physiques et naturelles de Bordeaux*, et les professeurs de physique, de chimie, de mathématiques de la Faculté
des sciences se faisaient inscrire au nombre de ses membres
titulaires.

Le caractère des réunions se modifie dès lors rapidement
pour devenir ce qu'il est resté depuis, et les questions de mathématiques et de mécanique, de physique et de chimie alternent
avec les communications d'histoire naturelle et de physiologie.
Les mots *sciences physiques* sont pris dans leur acception la
plus large. C'est ce qu'on peut voir en parcourant la série des
quarante-huit volumes de *Mémoires* et *Procès-verbaux* publiés
par la Société depuis son origine jusqu'à ce jour.

Nous n'avons pas à énumérer ici l'ensemble des travaux auxquels est attaché le nom de la Société des Sciences physiques et naturelles. L'importance des services qu'elle a rendus à la science est considérable et lui a valu une influence générale ment reconnue. Mais on ne doit pas oublier que cette influence est en grande partie due à l'activité d'un de ses membres les plus autorisés, Hoüel, qui a su à Bordeaux et dans tout le monde savant lui attirer de nombreuses sympathies, qui a organisé un service d'échanges entre la Société et les principales institutions scientifiques, qui a ainsi mis à la disposition de ses collègues une série de richesses ou l'on ne saurait trop puiser. Le rôle de Hoüel a été dignement continué par Brunel.

Les séances de la Société ont lieu tous les quinze jours pendant la période scolaire, le jeudi, à quatre heures, Hôtel des Facultés, cours Victor-Hugo.

Société scientifique et Station zoologique d'Arcachon.

La Société scientifique d'Arcachon, fondée en 1863, a pour but de faciliter l'étude, l'avancement, la vulgarisation des sciences naturelles et des procédés d'aquiculture marine : 1º Par l'organisation et l'entretien d'un établissement comprenant un musée, une bibliothèque et un aquarium, avec des laboratoires destinés aux recherches et aux études biologiques ; 2º par des conférences et des cours publics. — Une barque de pêche appartient à la Station. En outre, la compagnie Johnston lui prête gracieusement ses grands bateaux.

Les laboratoires de la Société scientifique et Station zoologique d'Arcachon sont libres et gratuitement mis, sous certaines conditions, à la disposition de tous les travailleurs, ainsi que des chambres de logement (éclairage et chauffage non compris).

Par sa proximité de Bordeaux, par la richesse de sa faune, par les facilités qu'offrent les installations déjà faites, Arcachon est la station de choix pour les maîtres et les élèves de l'Université de Bordeaux.

A la suite de pourparlers engagés avec l'Université, un projet de convention fut dressé en vue du *rattachement* de la Station zoologique à l'Université de Bordeaux. L'acceptation, puis la signature de cette convention par les parties intéressées, ont rendu le rattachement officiel dans le courant du mois d'avril 1898.

La Société publie, depuis quelques années, un recueil des *Travaux des laboratoires.*

Société d'études et de vulgarisation de la zoologie agricole.

Cette Société a été fondée dans le but de rechercher et de vulgariser les moyens de défense contre les animaux et plus spécialement contre les insectes nuisibles à l'agriculture. Elle entreprend des essais méthodiques sur les insecticides et s'occupe particulièrement de déterminer la nature et l'époque des traitements à instituer contre les parasites de la vigne, des arbres fruitiers, des plantes potagères. Elle publie un *Bulletin* bimestriel. Le laboratoire d'entomologie appliquée et sa bibliothèque spéciale sont annexés au service de Zoologie et de Physiologie animale de la Faculté des Sciences.

Société archéologique de Bordeaux.

Cette association a été fondée le 7 septembre 1873 pour contribuer à la propagation de l'étude archéologique des monuments de toute nature antérieurs au xix° siècle et concernant l'ancienne Aquitaine.

La bibliothèque de la Société se trouve à la bibliothèque de la Ville.

Société de géographie commerciale.

Reconnue d'utilité publique par décret du 31 août 1896, cette société, qui émane du Groupe girondin de l'Association française fondé en janvier 1873, a été organisée l'année suivante et s'est fusionnée en mai 1894 avec la Société d'anthropologie et d'ethnographie de Bordeaux et du Sud-Ouest. Elle a pour but de recevoir et de répandre les renseignements géographiques, industriels et commerciaux qui peuvent intéresser le commerce bordelais.

Elle publie à cet effet un bulletin bi-mensuel, dont le rédacteur en chef est M. Lorin (Henri), professeur à la Faculté des lettres, qui a succédé dans cette direction au regretté M. Gébelin, également professeur à la même Faculté. Ce bulletin forme aujourd'hui vingt-quatre volumes de cinq à six cents pages. Les conférences qui, par le choix du sujet et la valeur du conférencier, ont le plus contribué à répandre au dehors le renom de la Société de géographie commerciale sont depuis 1889 : en 1890, le capitaine Trivier, la traversée de l'Afrique ; en 1891, M. Lourdelet, l'Amérique du Nord ; en 1892, Miss Maud Gonne, l'Irlande ; en 1893, Dybowski, vers le Tchad ; à la recherche de Crampel ; en 1894, Mizon, trois années au Soudan central ; en 1895, de Lanessan, Colonisation française en Indo-Chine ; en 1896, Emile Guimet, l'Egypte ancienne et ses monuments ; en 1897, d'Estournelles de Constant, l'Europe et le péril de la concurrence ; en 1899, M. Henri Lorin, le chemin de fer du Congo, etc., etc.

Le Groupe géographique et ethnographique du Sud-Ouest se compose non seulement de la Société de géographie commerciale de Bordeaux (section centrale), mais aussi des sections d'Agen, Bergerac, Blaye, Mont-de-Marsan, La Rochelle, Périgueux et Tarbes.

Bibliothèque. — La bibliothèque de la Société de géographie commerciale de Bordeaux, située à l'Athénée municipal, est ouverte le mercredi de deux à quatre heures et le samedi de neuf heures et demie à onze heures et demie. En dehors des membres de la Société, les étudiants y sont admis moyennant une rétribution de 2 fr. 50 sans avoir droit toutefois au prêt de livres ou de cartes.

Club alpin français.

Le Club alpin français, qui compte aujourd'hui plus de 6.000 membres, possède à Bordeaux une section, la Section du Sud-Ouest qui comprend plus de 300 membres (1900) et dont le siège est à l'Athénée.

La Section organise des excursions fréquentes dans les environs de Bordeaux et des courses de montagnes dans les Pyrénées. Elle y a créé plusieurs refuges, notamment dans la région du Vignemale, et elle y entretient un certain nombre de sentiers.

Elle possède une bibliothèque importante et publie un bulletin semestriel.

Pour les renseignements, s'adresser soit à M. Durègne, président, 309, boulevard de Caudéran, soit à M. Arné, secrétaire-général, 121, rue Judaïque.

Société philomathique.

Cette Société a été fondée en 1808 par l'initiative et sur les ressources d'un petit groupe d'hommes dévoués n'ayant en vue que le bien public. Elle a pour but les progrès des sciences et des arts, de l'agriculture et de l'industrie manufacturière, et la diffusion de l'instruction, notamment dans les classes populaires à qui elle décerne des encouragements et des récompenses ; elle a organisé les diverses Expositions de la Ville de Bordeaux pour les produits de l'enseignement, de l'agriculture, des arts et de l'industrie, les vins et spiritueux ; elle organise aussi des conférences scientifiques et littéraires, et publie chaque année un bulletin de ses travaux.

Elle a fondé en 1839 des cours publics et gratuits en faveur des hommes adultes ; ces cours ont été plus tard successivement étendus aux femmes et aux apprentis. Ils sont aujourd'hui au nombre de plus de 80 répandus à l'École principale, rue Saint-Sernin, et dans sept succursales établies dans les Écoles communales en différents quartiers de la Ville. On y compte chaque année plus de 3 000 élèves. Elle a fondé en 1876 l'École supérieure de Commerce et d'Industrie, aujourd'hui reconnue par l'État et dont elle a conservé la surveillance et l'administration.

La Société Philomathique a organisé la XIIIe Exposition de Bordeaux, 1895, dont la durée a été de six mois (mai-novembre) et le succès complet à tous les points de vue ; plus de 7.000 exposants s'y sont trouvés réunis et 2 millions de visiteurs l'ont parcourue. Elle a été honorée de la visite du chef de l'État, M. Félix

Faure. Les résultats financiers se soldèrent par un bénéfice qui assure le développement des œuvres de bien public entreprises par la Société. La première de toutes les Expositions bordelaises était nationale, elle fut organisée aussi par la Société et fut tenue en 1827; l'avant-dernière et XII*, en 1882, était internationale, elle réunit 6.000 exposants et un million de visiteurs. L'Exposition de 1895, établie sur les Quinconces, a été internationale et limitée à quelques Etats d'Europe pour la généralité des produits, et universelle, ouverte à tous les pays du monde, pour les sections des vins et spiritueux, de l'électricité et des sciences sociales.

La Société publie depuis près de deux ans une *Revue* mensuelle, œuvre de décentralisation et d'une portée littéraire, scientifique et artistique. Une grande partie de la rédaction est confiée à des membres de l'Université de Bordeaux.

Le siège de la Société est établi cours du XXX-Juillet, n° 2.

Société des Amis de l'Université de Bordeaux.

Fondée à la fin de 1898, sous la présidence de M. Alfred Daney, ancien maire de la ville, cette Société est administrée par un conseil de trente membres.

Sur la demande de la Société, et avec son concours, il a été institué à la Faculté des Sciences un cours d'*Electricité industrielle*.

Elle a offert des médailles qui sont, chaque année, décernées aux élèves des Facultés de droit, de médecine, des sciences et des lettres.

Des conférences ont été organisées par la Société à Bordeaux et dans les grandes villes de la région.

Association amicale universitaire de l'Académie de Bordeaux.

L'Association a pour but de créer et d'entretenir entre ses membres un lien réel de sympathie et des relations de bonne amitié. Elle est constituée depuis novembre 1899. Son siège est cours Victor-Hugo, 156. Elle a organisé depuis novembre 1900 des conférences populaires qui ont le plus grand succès.

Association générale des Etudiants de Bordeaux.

L'Association générale des Etudiants de Bordeaux, autorisée par l'arrêté préfectoral du 24 mars 1888, a succédé au Cercle des Etudiants, le plus ancien de France, lequel avait été fondé en novembre 1880. Elle a pour but, dit l'art. 2 de ses Statuts organiques, d'établir les liens de solidarité entre ses membres par la création d'un centre de réunion, d'une bibliothèque, d'un service de secours mutuels, de conférences propres à favoriser

les études et par une communauté de distractions (arts d'agré-
ments et fêtes).

Le siège de l'Association est rue du Palais-de-Justice, 42. La
Bibliothèque compte déjà près de trois mille volumes, pour la
plupart offerts par de généreux auteurs.

L'Association reçoit plus de soixante revues, journaux illus-
trés. Elle a obtenu, pour ses membres actifs, des réductions
chez les grands fournisseurs de notre Ville.

Le budget de l'Association est d'environ 12.000 fr. Il est alimenté par les cotisations de 400 membres honoraires (variant
de 10 à 50 fr.), des 350 membres actifs environ (10 fr. par an)
et par des subventions de l'Etat, de la Ville, du Conseil général,
de la Société des Amis de l'Université et du Conseil de l'Université, lesquelles ne s'élèvent pas à moins de 3.300 fr.

L'Association comprend des membres actifs et des membres
honoraires et bienfaiteurs, des membres d'honneur.

Les membres honoraires ou bienfaiteurs se recrutent parmi
les professeurs et fonctionnaires des Facultés de Bordeaux, les
magistrats, les médecins, les notaires, les conseillers généraux
ou municipaux, le corps consulaire, etc., et les étudiants qui
ont terminé leur scolarité. L'Association possède enfin une
quinzaine de membres d'honneur, ayant à leur tête le Ministre
de l'Instruction publique et M. Liard, Vice-Recteur de l'Académie de Paris.

Publications scientifiques.

Journaux et revues d'ordre juridique et économique publiés à Bordeaux.

Journal des arrêts de la cour d'appel de Bordeaux, 17, rue
Poquelin-Molière.

Mémorial de jurisprudence commerciale et maritime, 43, rue
Porte-Dijeaux.

L'Echo du Palais, rue de Cheverus.

Revue économique de Bordeaux publiée par la Société d'économie politique (siège social, Athénée municipal, rue des Trois-
Conils).

Journaux médicaux publiés à Bordeaux et dans la région.

1º *Journal de médecine de Bordeaux*. — Rédacteur en chef :
M. le Dr ARNOZAN, professeur à la Faculté de Médecine,
27 *bis*, cours du Pavé-des-Chartrons, Bordeaux. — Abonne-

ment : France, Algérie, Tunisie, 10 fr.; Etranger (union postale), 15 fr.; Etudiants de Bordeaux, 5 fr. par an; paraissant tous les dimanches. — Direction et Rédaction : 11, rue Guiraude. — Imprimerie Gounouilhou, 8, rue de Cheverus, Bordeaux.

2º *Gazette hebdomadaire des sciences médicales de Bordeaux.* — Rédacteurs en chef : M. le Dʳ MASSE, professeur honoraire à la Faculté de médecine de Bordeaux, 21, rue d'Alzon, Bordeaux ; Dʳ J. COURTIN, chirurgien en chef de l'hôpital Saint-André, 23, rue Margaux ; Dʳ J. SABRAZÈS, professeur agrégé de Médecine, médecin titulaire des hôpitaux, 26, rue Boudet. — Abonnement : France, 5 fr.; étranger, 8 fr.; étudiants, 3 fr. par an; paraissant tous les dimanches. — Imprimerie Cassignol, 91, rue Porte-Dijeaux. S'adresser au Gérant du journal.

3º *Archives d'électricité médicale, expérimentale et clinique.* — Rédacteur en chef : M. le Dʳ BERGONIÉ, professeur à la Faculté de médecine de Bordeaux, 6 *bis*, rue du Temple, Bordeaux. — Abonnement : France, 14 fr.; étranger, 16 fr. par an. — Imprimerie Gounouilhou, 8, rue de Cheverus, Bordeaux.

4º *Revue hebdomadaire de laryngologie, rhinologie, otologie.* — Rédacteur en chef : M. le Dʳ MOURE, professeur-adjoint chargé du cours complémentaire des maladies du larynx, des oreilles et du nez, à la Faculté de médecine de Bordeaux, 2 *bis*, cours du Jardin-Public, Bordeaux. — Abonnement : France, 15 fr.; étranger, 18 fr. par an; paraissant tous les samedis matin. — Imprimerie Gounouilhou, 8, rue de Cheverus, Bordeaux.

5º *Bulletin des travaux de la Société de Pharmacie de Bordeaux,* paraissant tous les mois, publié par un comité de rédaction de la Société. — Rédaction et administration : 99, rue Saint-Genès, M. le Dʳ BARTHE, agrégé à la Faculté de médecine et de pharmacie, secrétaire général. — Imprimerie Gounouilhou, 8, rue de Cheverus, Bordeaux.

6º *Revue des jeux scolaires, Bulletin mensuel de la Ligue girondine de l'Education physique.* — Directeur-fondateur : M. le Dʳ Philippe TISSIÉ. — Administration et rédaction 14, rue de Marca, Pau. — Abonnement : France, 3 fr. par an; union postale, 4 fr. — Imprimerie Garet, Pau.

Voyez en outre les publications des diverses Sociétés médicales, p. 113 et suiv.

Mémoires et Revues d'ordre scientifique et littéraire publiés à Bordeaux.

Mémoires de l'Académie des Sciences, Belles-Lettres et Arts de Bordeaux. — 4 livraisons par an. Abonnement : 8 fr. par an.

Annales de l'Observatoire (voir Observatoire).

Actes de la Société Linnéenne. — 6 livraisons par an. Abonnement : 10 fr. par an. — 53, rue des Trois-Conils.

Mémoires de la Société des Sciences physiques et naturelles. — 1 vol. in-8 par an.

Bulletin de la Société de Géographie. — 2 livraisons par mois. Abonnement: 10 fr. pour la France, 12 fr. pour l'étranger.

Annales de la Faculté des Lettres. — Feret et fils, éditeurs.

La création des *Annales de la Faculté des Lettres de Bordeaux* remonte à 1879.

En 1895, elles sont devenues l'organe commun d'un groupement fédéral, comprenant, outre l'Académie de Bordeaux, les ressorts d'Aix, Montpellier et Toulouse, d'où le sous-titre *et des Universités du Midi,* que porte la IV⁰ série du recueil.

En 1889, les *Annales de la Faculté des Lettres de Bordeaux et des Universités du Midi* ont été partagées en trois sections, homogènes et indépendantes, qui, depuis le début de 1901, sont : I. *Revue des Études anciennes;* II. *Bulletin hispanique;* III. *Bulletin italien.*

Revue philomathique. — Un numéro par mois : 6 fr. par an.

Revue historique de Bordeaux et du département de la Gironde. — Feret, éditeur, Bordeaux, cours de l'Intendance, 15. 10 fr. pour la France, 11 fr. 50 pour l'étranger.

Pour tous les renseignements relatifs à la Ville, consulter le *Guide illustré dans Bordeaux et les environs,* par Brutails, Bordeaux, Gounouilhou, éditeur. Feret, libraire, cours de l'Intendance, 15. 1 franc.

TABLE DES MATIÈRES

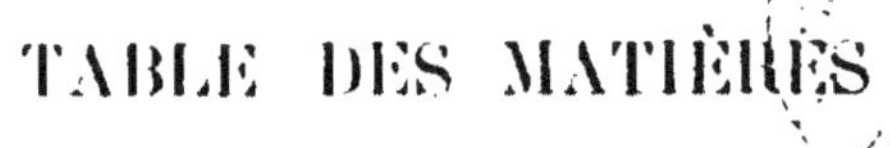

31,454. — Bordeaux, Y. CADORET, impr.

gramcontent.com/pod-product-compliance
ng Source LLC
ne TN
020704200726
08LV00002B/879